Numerología, sexo y amor

Brigitte Mesnard

Numerología, sexo y amor

dve
PUBLISHING

A pesar de haber puesto el máximo cuidado en la redacción de esta obra, el autor o el editor no pueden en modo alguno responsabilizarse por las informaciones (fórmulas, recetas, técnicas, etc.) vertidas en el texto. Se aconseja, en el caso de problemas específicos —a menudo únicos— de cada lector en particular, que se consulte con una persona cualificada para obtener las informaciones más completas, más exactas y lo más actualizadas posible. EDITORIAL DE VECCHI, S. A. U.

© Editorial De Vecchi, S. A. 2019
© [2019] Confidential Concepts International Ltd., Ireland
Subsidiary company of Confidential Concepts Inc, USA
ISBN: 978-1-64461-380-1

Historia de una fusión anímica

Había una vez un alma,
una pizca de azul, una pizca de luz, un poco de naturaleza,
que se desplazaba por la Tierra.

Esta alma encontró un poco de fuego,
y se quemó,
un poco de agua,
y se ahogó,
un poco de aire,
y el vuelo alzó.

Y un día que soplaba una ligera brisa,
como la que se respira cerca del mar,
el sol se alzó y acompañó a esta alma.
Y advirtió que había una luz renovada
de color bronce dorado que la miraba.

Desde aquel día,
fluye un río de zafiro, esmeralda
y turquesa,
al que acuden a bañarse estas almas.

Ha nacido un arco iris,
iluminado por el más ardiente de los soles,
sobre una cuna de claras ondas,
y la luna brilla con nuevos resplandores.

Y así van sus vidas,
ella, un poco lunar,
él, un poco solar,
bordeando el horizonte naciente
de amor y ternura.

BRIGITTE MESNARD,
Cannes

Índice

Prólogo

Este libro está dirigido tanto a personas que disfrutan la soledad como a aquellos que viven una relación problemática o a quienes desean salvar su matrimonio o construir una relación sólida basada en la comprensión y el respeto al otro. Nunca me cansaré de repetir que el éxito de una pareja depende de la disposición para dialogar o, dicho de otro modo, de la capacidad de ambos cónyuges para comunicarse. Sin embargo, para que dos personas sean capaces de hacerlo, es esencial que se conozcan bien a sí mismas y que aprendan a conocer a su pareja.

El matrimonio es una unión que sólo logra triunfar cuando ambos cónyuges deciden realizar un esfuerzo, una búsqueda personal (o, mejor aún, común) que les permita comprender y aceptar las diferencias que los separan. Al analizarlas, serán conscientes de la necesidad de que existan dichas diferencias, que les permiten complementarse y convertirse en una entidad única, que no es otra que la pareja perfecta. Todo el mundo —sí, todo el mundo— puede triunfar en su vida sentimental, y, de hecho, este es un deber que tenemos para con nuestra descendencia. La pareja aporta equilibrio. La estabilidad afectiva favorece el éxito en el ámbito profesional y en la vida en general. El amor verdadero revela el secreto de la vida. Las personas conocen a Dios gracias al amor. Todo niño que crezca arropado por unos padres que se hayan preocupado por cumplir con este deber afectivo albergará en su interior las semillas de la felicidad y, por lo tanto, sólo tendrá que conocer a su media naranja y establecer su propia unión amorosa para crear una nueva raza humana que estará más próxima al plano divino. En otras palabras, basta una generación para cambiar el mundo, elevarlo a Dios y prepararlo para vivir en el reino de los cielos.

Todos nosotros poseemos en nuestro interior las claves de la vida. Trabajar sobre nosotros mismos y nuestra pareja ya es una verdadera obra humanitaria, puesto que el amor se transmite y brilla sobre los demás. Todos formamos una gran cadena humana, pues somos responsables, a nivel individual y colectivo, de la felicidad y la tristeza de la humanidad. Para poder cambiar el mundo, es necesario que primero evolucionemos de forma individual y después con otra persona, más adelante con dos, y así sucesivamente. Si tan sólo 12 personas, que representarían de manera simbólica los 12 puntos clave del reloj universal de la Tierra, comprendieran este principio esencial, podrían transmitirlo al conjunto del planeta. Este fenómeno se extendería por todo el mundo, obedeciendo a la ley de las series. Y cuánto más se difundiera este mensaje, más deprisa cambiaría el mundo. Amaos los unos a los otros.

Introducción

El amor se corresponde con el número 6 y con la sexta carta del tarot: Los enamorados.

Se representa mediante seis triángulos equiláteros inscritos en un círculo. Este símbolo, que pertenece a la tradición hermética, evoca la unión de dos principios (masculino y femenino) o dos seres formados por tres planos (véase el capítulo dedicado a este tema, pág. 25), que se reúnen en una nueva entidad representada por el círculo.

La esfera, el signo matemático más perfecto de la Creación, simboliza a Dios mediante el 0 y al niño mediante el huevo, que representa la vida.

Este ideal amoroso se encuentra en el símbolo:

En este símbolo también se incluyen el 6 y el 9, puesto que el 9 es un 6 invertido que evoca el signo astrológico de Cáncer, regido por la Luna, cuyo ciclo de 28 días incide sobre las mujeres, las mareas y muchos otros fenómenos terrestres que aún se desconocen o no han sido revelados al público.

El «abrazo» de estos dos 6, uno de ellos invertido, expresa la comunión de los seres, los números y la creación, así como la necesidad de unión para sentirse realizado.

Todos nos movemos impulsados por la necesidad imperiosa y vital de encontrar a nuestra alma gemela, que es nuestro complemento perfecto. Todos buscamos nuestra unidad.

La vida se perpetúa a través de la unión de un + y un –, un hombre y una mujer, un 1 y un 2 para crear un 3, que es el niño.

Nuestro cuerpo está formado por tres planos esquematizados mediante tres triángulos:

— un triángulo o plano intelectual y espiritual;
— un triángulo o plano afectivo, emotivo y anímico;
— un triángulo o plano físico y material.

Encontrará explicaciones sobre estos tres planos en el capítulo pertinente, pero de momento deseo adelantarle que no se debe priorizar ningún plano en detrimento de los demás, puesto que se produciría una ruptura de armonía o de ritmo y, por lo tanto, aparecería una enfermedad o una disfunción. Este principio es la clave principal de la felicidad.

Por otra parte, para ser felices con nuestra pareja debemos aprender a comunicarnos con ella, es decir, a conocerla, a descubrir sus mecanismos de reacción y a fusionarnos con ella a través del pensamiento, el corazón y el cuerpo.

Como existimos sobre tres planos, es necesario que los tres se fusionen.

Casi todos somos egoístas en el amor. No realizamos el esfuerzo de ponernos en el lugar de la persona a la que se supone que amamos. Sin embargo, deberíamos hacerlo, puesto que esta es la segunda clave para la felicidad.

La tercera consiste en vivir en armonía con nuestros propios ritmos y los de nuestra pareja. Para ello, debemos empezar por comprender los ciclos de esta última, pues sólo entonces podremos identificarlos, gestionarlos y sacarles el máximo partido.

También es necesario aceptar el hecho de que nuestra pareja no evoluciona de la misma forma que nosotros y recordar que cada persona posee sus propios ritmos.

Lo mejor de estas claves para la felicidad es que pueden adaptarse a todos los ámbitos de la vida cotidiana. ¿Deseamos triunfar en nuestra profesión y en las relaciones sociales? ¿Anhelamos comprender a nuestros hijos? Sin duda se estará preguntando cómo conseguirlo. La respuesta es muy sencilla: basta con iniciarse en la ciencia de los números, puesto que la numerología, la verdadera ciencia del individuo y la vida, está al alcance de todo el mundo.

La razón de la popularidad de la numerología se debe a que esta ciencia milenaria, que nació a la vez que el hombre, ha conseguido demostrar a diario su poder sobre el plano humano.

Más allá de las matemáticas profanas, existen otros conocimientos matemáticos, los que alcanzaron Pitágoras, los egipcios, los atlantes y muchos filósofos y matemáticos. De hecho, la filosofía de los números ha atraído incluso a astrofísicos tan importantes como Hubert Reeves.

Este proceso conduce al amor universal, puesto que una pareja perfecta y verdaderamente unida puede formalizar la relación con el sacramento del matrimonio del que hablan los Evangelios. Juntos, en este caso, los cónyuges se elevan hacia Dios e irradian su amor sobre los demás. La sociedad actual se encuentra ante un gran número de opciones. En el terreno afectivo, hoy en día existen sitios de Internet que promueven encuentros sexuales incontrolados y otras actividades similares, o explotan la necesidad de amor y el miedo a la soledad de muchas personas vendiendo promesas de matrimonio en webs que en realidad son vulgares actos comerciales que guardan más similitudes con la esclavitud afectiva. Todos estos desórdenes se corresponden con la parte negativa del arcano 6 del tarot, Los enamorados. Entre la represión sexual de inicios del siglo pasado y la excesiva permisividad de la sociedad actual hay un gran margen de maniobra.

El mundo no está equilibrado. No sabe cómo gestionar los aires de cambio ni cómo aprovechar de un modo positivo los derechos y las libertades que logró adquirir en el pasado.

La desestabilización del vínculo del matrimonio pone de alguna manera la vida en peligro. ¿Qué sería de nuestros hijos si los priváramos del cariño y la seguridad de la unidad familiar? ¿Seguiría habiendo niños que se criaran y se educaran sanamente? Si eso ocurriera, seguro que no tardaríamos en leer en los periódicos anuncios similares a: «Se venden embriones; progenitores garantizados» o «Acogería embrión para cría; precio razonable»...

El número 6
en la tradición

El senario

El número 6, o senario, es un número femenino, par y pasivo que, en sentido sefirótico, significa «belleza». Su significado esotérico numeral equivale al hexagrama, una figura formada por dos ternarios simétricos. En geometría se representa mediante seis puntos que, unidos por ángulos rectos fragmentados, forman un hexágono.

En el tarot es la sexta carta y, por lo tanto, se corresponde con Los enamorados. La letra vau, o «lugar universal», es su adaptación cabalística. También es el sello de Salomón, una estrella de seis puntas constituida por dos triángulos equiláteros entrecruzados que forman seis pequeños triángulos equiláteros.

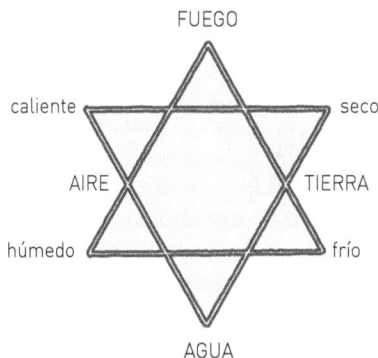

Es la suma del pensamiento hermético, pues contiene todos los elementos. En el triángulo, el fuego apunta hacia arriba y el agua, hacia abajo; el elemento aire ocupa la intersección izquierda de los triángulos y el elemento tierra se sitúa en el extremo contrario.

Es la ley de los contrarios, que, en oposición, revela la diversidad de los seres, los climas y las creaciones. Por lo tanto, es el símbolo de la unidad cósmica en su compleja estructura.

En el seno del sello de Salomón también se inscriben los metales necesarios para la formación del universo y sus planetas. Este símbolo se encuentra en las filosofías más variadas, como por ejemplo en la de la India, donde el sello de Salomón representa el signo de Vishnú, o las de la Antigüedad grecorromana, donde simboliza a Venus/Afrodita.

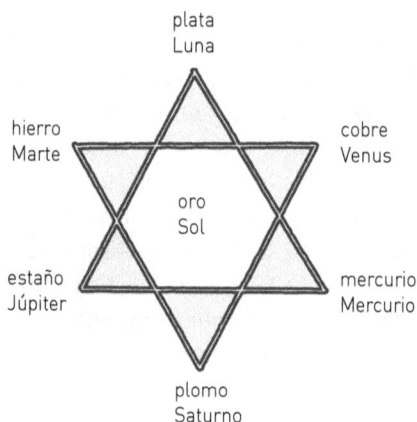

plata
Luna

hierro
Marte

cobre
Venus

oro
Sol

estaño
Júpiter

mercurio
Mercurio

plomo
Saturno

De ahí deriva toda una multitud de complejas combinaciones que se condensan en esta alquimia, cuyo principio fundamental sigue siendo el oro, el material noble, y el Sol, el astro luminoso. Es la fusión entre el principio masculino y el femenino.

La numerología cristiana o sagrada es una herramienta que permite descifrar la Biblia. San Agustín afirmaba que «Dios creó el mundo en seis días y descansó el séptimo, pues el número 6 es el más perfecto de los números perfectos». También añadía: «No debemos desdeñar la ciencia de los números, que constituye una ayuda preciosa para interpretar los numerosos pasajes de las Santas Escrituras. Pues por algo está escrito que la creación está ordenada por medida, número y peso».[1]

Filón de Alejandría (nacido hacia el año 13 a. C.) intentó conciliar los pensamientos de Platón y Moisés a propósito de la Creación: «Para que las cosas se formaran en la existencia se requería una armonía. Y la armonía exigía un número. De todos los números, el 6 es el que rige sobre la formación. Es el primer número perfecto que parte de la unidad, puesto que es igual tanto a la suma como al producto de sus partes. Su mitad es 3 y su tercio, 2. Por naturaleza, es masculino y femenino, y posee el poder de uno y de otro. El impar es masculino y el par, femenino. Partiendo del número impar 3 y del número par 2 se obtiene 6 a través de la multiplicación. Y como el mundo es perfecto en su armonía universal, su formación estuvo regida por un número perfecto, es decir, por el número 6».[2]

Tanto el Corán como la Biblia afirman que Alá-Dios creó los cielos y la Tierra en seis días.

Descartes escribió lo siguiente a su amigo Beeckman, en una carta datada el 26 de marzo de 1619: «Cuando después me pregunté la razón por la que los primeros filósofos se negaban a admitir en el estudio de la sabiduría a aquellos que ignoraban las matemáticas [...], se me ocurrió que quizá conocían ciertas matemáticas muy distintas a las matemáticas vulgares de nuestros tiempos [...]. En verdad, creo que aún quedan vestigios de estas verdaderas matemáticas en Pappus y en Diofanto, que, a pesar de que no pertenecieron a esta primera etapa, vivieron muchos siglos antes que nosotros». Y no debemos olvidarnos de Leibniz y su *Arte combinatoria*.

El 6 es el número de la prueba, del karma, de la lucha entre la naturaleza divina del hombre y su naturaleza humana. Es la unión armoniosa en el acto del amor.

La prueba es la salvación por la cual nos elevamos. Claude de Saint-Martin consideraba el senario como «el modo según el cual

1. Citado en *Les mystères des nombres*, Lucien Gérardin, Ed. Dangles, página 167.
2. Ibídem.

operan todos los agentes» *(Nombre)*. Por su parte, Agripa afirmaba que era «el vínculo entre la tierra y el cielo» y que representaba «el sello del mundo» *(Filosofía oculta, Magia natural)*.

En aritmética existen seis operaciones posibles: adición, sustracción, multiplicación, división, potenciación y radicación.

Este doble ternario puede compararse con la morfología humana.

Estos dos triángulos 3 + 3 permiten diferenciar a las fuerzas creadoras de sus criaturas.

Cabe señalar que, aunque se hable de la ley de los contrarios, no existe realmente ninguna oposición permanente, sino la presencia de la libertad para elegir entre el bien y el mal, para seleccionar un gen XX o un gen XY.

Se trata del yo y del no yo de la filosofía moderna, el yin y el yang.

La suma aritmosófica de 6 es igual a $1 + 2 + 3 + 4 + 5 + 6 = 21$, que representa las 21 cartas del tarot, además del arcano sin nombre.

MODELO DEL MUNDO

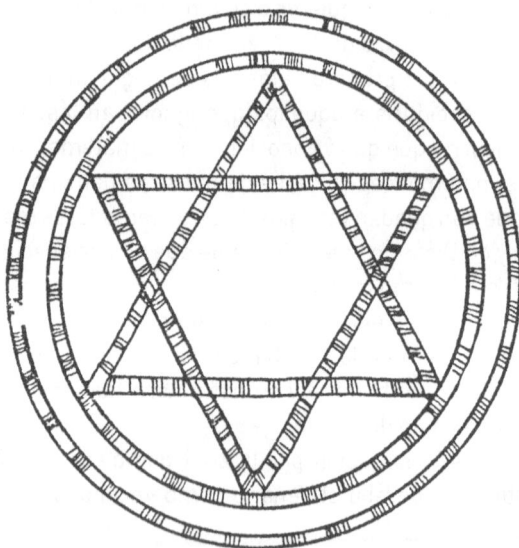

(según el libro cabalístico de Kaziel)

Según Pappus, «el número senario es aquel por el que el Creador hizo salir de su pensamiento todas las especies de imágenes, de formas corporales aparentes que subsisten en el círculo universal».

Goethe meditó sobre el número 6 y el crecimiento de las plantas: «Por medio de una triple inspiración y expiración, o como por una triple diástole y una triple sístole, la planta llega a una "culminación"». Las tres sístoles son la semilla, la yema y la envoltura floral, y las tres diástoles, la hoja, la flor y el fruto.

Vau también forma parte del tetragrama sagrado, que en hebreo se conoce como *Yod He Vau Hé*.

Los enamorados o el arcano 6 del tarot

Aunque son muchas las enseñanzas de la sexta carta del tarot, puede que la más poderosa sea la de la tentación. ¿Qué valor tendría una virtud si no tuviera que resistirse a la tentación? Una persona realmente mide su fuerza en el combate. Si todos hubiéramos nacido perfectos en un mundo ideal, ¿de qué serviría la ley de la evolución? Además, ¿seríamos conscientes de nuestra felicidad?

Cuando una persona logra resistirse a sus sentimientos más bajos se sublima. Del mismo modo, si los seres humanos logran cambiar de mentalidad, crearán un mundo de armonía. Sólo aquel que haya sentido frío, haya vivido miserias y haya pasado hambre podrá comprender realmente el dolor de los más desfavorecidos. Sólo quien haya conocido el sentimiento de orgullo o envidia será capaz de apreciar los verdaderos valores. Sólo aquel que haya experimentado el tormento en su propia carne, en su corazón y en su espíritu podrá aconsejar a aquellos que se hayan desviado del camino correcto.

«Aquel que esté libre de pecado que tire la primera piedra».

No puede haber iniciación espiritual sin afectividad, sin conquista del amor. Cuando una persona elige vivir, escoge también amar a Dios y a sus creaciones. Cuando una persona vive en este mundo con

EL ARCANO 6 DEL TAROT

la voluntad de combatir sus imperfecciones, logra progresar y encontrar a Dios. Sin embargo, no debemos iniciar esta lucha interior mostrando un rostro airado. La sonrisa es el mejor mensaje de amor. Una sonrisa no cuesta nada, pero lo da todo.

El amor entre un hombre y una mujer (dos espejos reflectantes) conduce al amor universal. El amor es un acto de libertad pura. No existe ninguna obligación divina de amar a Dios, del mismo modo que tampoco existe ninguna obligación humana de amar al prójimo.

Lo que conduce al amor es conocerse a uno mismo y al otro: «Conócete a ti mismo y conocerás el universo y a los dioses».

Los pensamientos colectivos de los humanos crean las corrientes y las modas. Toda emisión de pensamiento regresa a su fuente en positivo o en negativo, en función de su naturaleza.

Los hombres pueden elegir la vía de la iniciación, la fe y el amor, un camino que requiere grandes dosis de esfuerzo y sacrificio, o bien pueden optar por ceder a la tentación, un camino que resulta más sencillo, pero que conduce a la caída y a la destrucción.

LOS TRES PLANOS DE LA PERSONALIDAD
(mostrados con triángulos)
El árbol de la constitución humana, según la ilustración
«Las diez Sefirot», publicada en *La face cachée des nombres*,
de Camille Creusot, Dervy-Livres

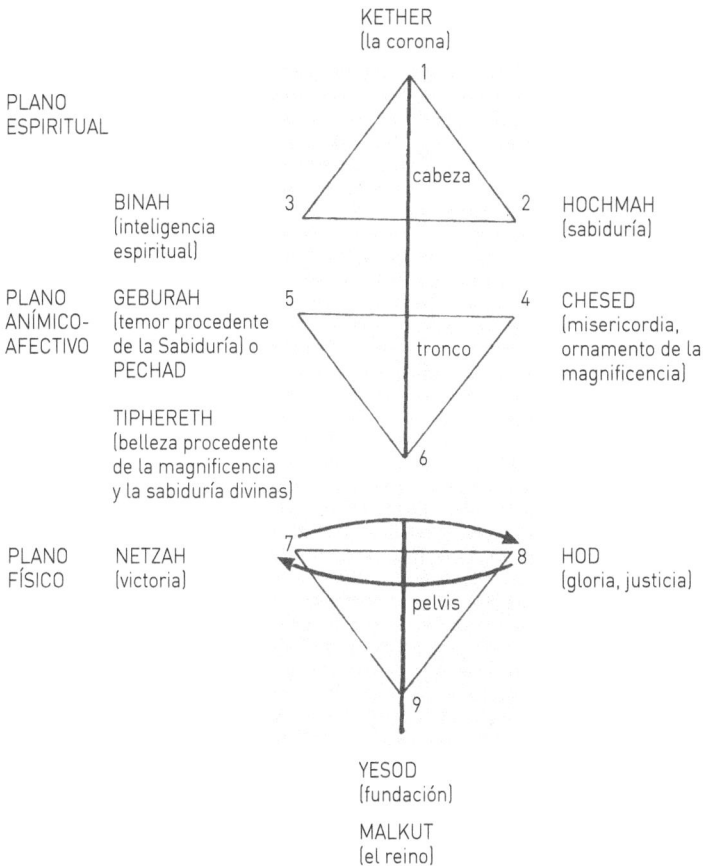

KETHER
(la corona)

1

PLANO
ESPIRITUAL

cabeza

BINAH   3   2   HOCHMAH
(inteligencia   (sabiduría)
espiritual)

PLANO   GEBURAH   5   4   CHESED
ANÍMICO-   (temor procedente   (misericordia,
AFECTIVO   de la Sabiduría) o   tronco   ornamento de la
               PECHAD   magnificencia)

TIPHERETH
(belleza procedente
de la magnificencia
y la sabiduría divinas)

6

PLANO   NETZAH   7   8   HOD
FÍSICO   (victoria)   (gloria, justicia)

pelvis

9

YESOD
(fundación)

MALKUT
(el reino)

**LOS TRES PLANOS DE LA PERSONALIDAD (mostrados con pirámides)
(según una ilustración publicada en *L'Autre Monde*, núm. 119,
de Étienne Guillé)**

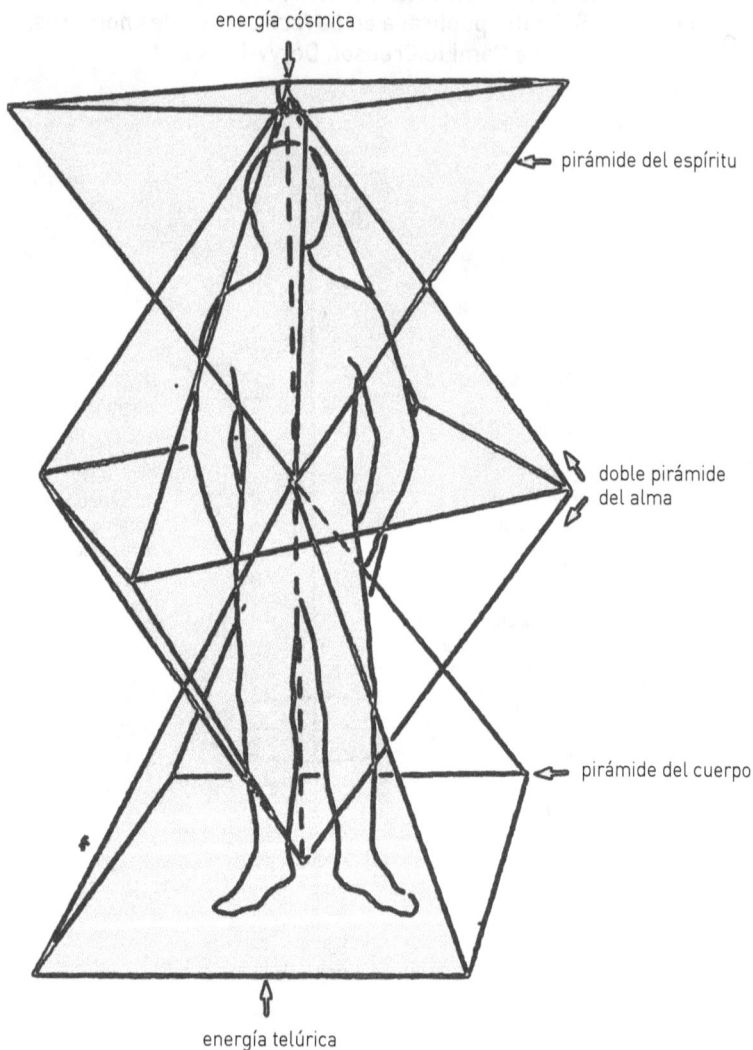

energía cósmica

pirámide del espíritu

doble pirámide
del alma

pirámide del cuerpo

energía telúrica

*El ser humano, reservorio de energía, emisor y receptor
entre el cielo y la tierra.*

EL ÁRBOL DEL CONOCIMIENTO
(según una ilustración publicada en *Fruis de l'arbre de vie*,
de Omraam Mikhaël Aïvanhov, ed. Prosveta)

1 EHIEH
la corona

Los primeros remolinos (Neptuno)

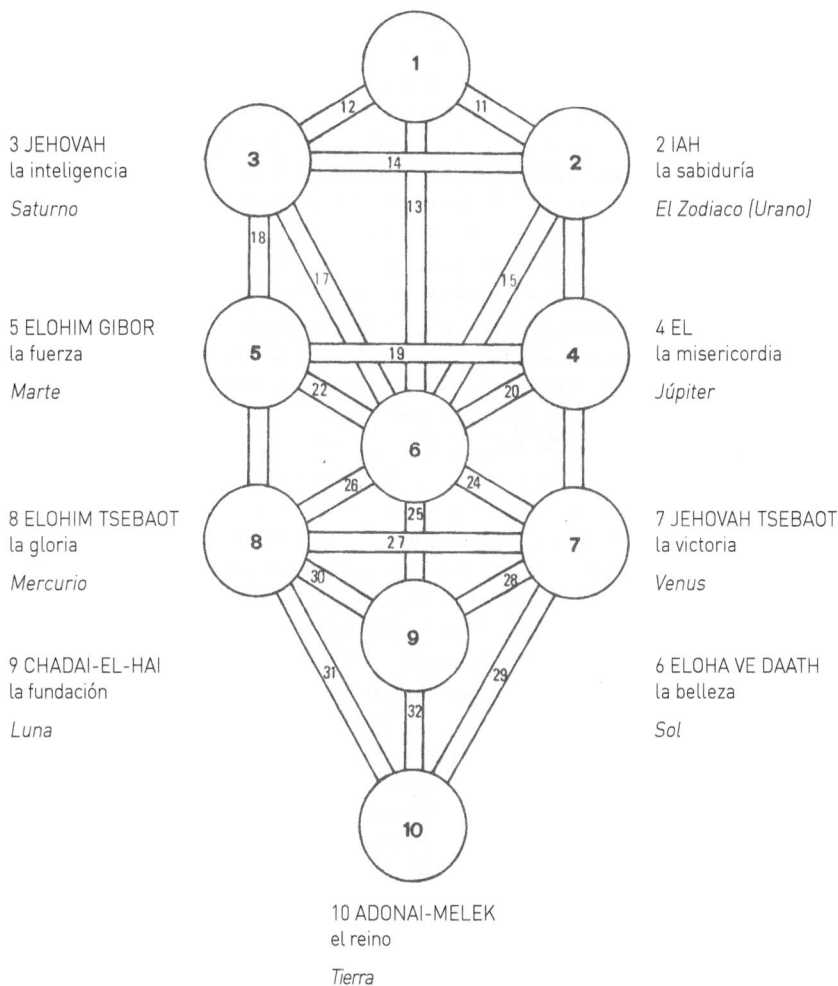

3 JEHOVAH
la inteligencia

Saturno

2 IAH
la sabiduría

El Zodiaco (Urano)

5 ELOHIM GIBOR
la fuerza

Marte

4 EL
la misericordia

Júpiter

8 ELOHIM TSEBAOT
la gloria

Mercurio

7 JEHOVAH TSEBAOT
la victoria

Venus

9 CHADAI-EL-HAI
la fundación

Luna

6 ELOHA VE DAATH
la belleza

Sol

10 ADONAI-MELEK
el reino

Tierra

Conocimiento de uno mismo, descubrimiento de los demás

Los tres planos de nuestra constitución

Los números representan la osamenta del universo, pero también la de nuestra constitución como seres humanos, pues en el reino de Dios todas las creaciones se asemejan. Quienes estudian la ciencia de los números investigan en realidad la ciencia de la creación. Los números son «seres de fuerza», y aquel que los conoce se vuelve poderoso porque accede al mundo de los arquetipos.

En el momento de su concepción, cada individuo recibe un número que lo describe y varios números que lo caracterizan. A través del estudio de sus números, el hombre puede comprender su lugar en el universo y despertar al ser de luz que dormita en su interior.

Cada número emite una vibración, una onda que condiciona el destino, la morfología y la personalidad del individuo. Y el conjunto de números vibra como una música personal.

Como todo parece estar codificado, la única elección que puede hacer el hombre está contenida en el simbolismo del número 6, que ocupa el centro del árbol sefirótico. Este número representa el libre albedrío, la libertad del hombre para hacer el bien o el mal, para evolucionar o involucionar.

La ley de la polaridad y la afinidad hace que las vibraciones de los números atraigan a otros elementos (como un amante). Esto ocurre tanto a nivel psíquico como afectivo y físico. El refrán «Dios los cría y ellos se juntan» dice una gran verdad, puesto que los iguales tienden a aproximarse. Si usted atrae como un imán las catástrofes y a las personas problemáticas se debe a que posee en algún lugar (ya sea en esta vida o en otra) una mancha que le hace impuro. Por lo tanto, debe hacer limpieza, purificarse y analizar su conducta.

LA RUEDA DE LAS SEFIROT

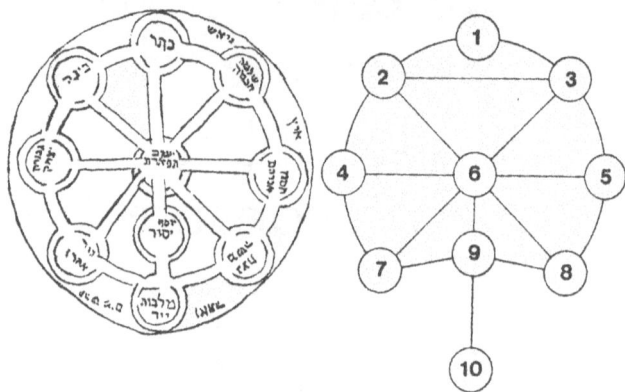

En el plano divino, el número es un ser real abstracto. Sin embargo, en el plano humano se encarna y, por lo tanto, se cubre de carne y de sangre. Utiliza la ley de la polaridad para atraer partículas y rodearse de diversas envolturas. Las montañas, los árboles, las flores y los animales nacen a partir de un fenómeno de cristalización que se desarrolla alrededor del número. Los científicos siempre han sido conscientes de que las matemáticas les permitirían dominar la materia: todas las ciencias poseen una base matemática, porque los números lo controlan todo.

El hombre y la mujer han sido creados a imagen y semejanza del árbol de la vida. Y este no es otro que el árbol sefirótico (sefirot = números).

Existen 10 sefirot. Cada sefirá está unida a las demás mediante canales. Hay un total de 22. Todas las sefirot están en el hombre, al igual que el árbol de la vida, con sus atributos y sus deidades.

Según la tradición, el hombre ha perdido la décima sefirá, que recibe el nombre de Malkut. Sólo los iniciados consiguen vibrar en esta región y establecer así la relación divina. La frontera entre Yésod y Malkut está controlada por el guardián del umbral.

EL ÁRBOL SEFIRÓTICO
(según *La face cachée des nombres*, de Camille Creusot, Dervy-Libres)

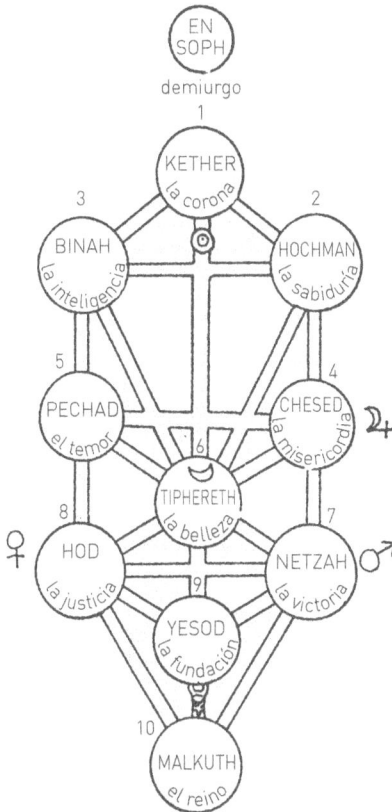

¿Qué es el sentimiento amoroso?

En primer lugar, me gustaría compartir con usted mis definiciones matemáticas de amor:

— flechazo: choque vibratorio armonioso entre dos personas que poseen números complementarios y muy activos durante un periodo cíclico concreto;
— matrimonio, pareja de hecho, vida común: compatibilidad de caracteres, es decir, compatibilidad cíclica, permanente o temporal, durante un periodo concreto.

Aunque el flechazo no suele ser más que flor de un día, el matrimonio es un fuego eterno que nunca debería dejar de arder, si se tienen en cuenta las tres claves para la felicidad.

En francés, el término *amour* hace referencia a una infinidad de sensaciones: un galo puede *amar* a Dios, el chocolate, al vecino, a su hijo, a su marido, a su pareja, su profesión, a la humanidad, a su madre e incluso la pintura. En resumen, en Francia todo es susceptible de ser *amado*, u *odiado*, pues esta palabra se utiliza sin escalas de valor.

La lengua inglesa, por su parte, establece al menos dos categorías distintas: *love* para las personas (*I love my husband*, *my mother*, *my brother...*) y *like* para las cosas (*I like chocolate*, *pictures...*). Los ingleses también utilizan la expresión *I am very fond of*, que significa «Me gusta mucho».

En español también se establecen dos categorías distintas: se utiliza el verbo *querer* para referirse a las cosas o a las personas con las que no se comparte un verdadero sentimiento de amor y sólo se recurre al verbo *amar* cuando existe realmente ese sentimiento de amor.

En general, podemos concluir que lo mezclamos todo, lo sagrado y lo profano. Por supuesto que podemos *adorar a Dios*, pero también utilizamos este verbo con frecuencia para referirnos a los dulces. Por lo tanto, existen distintos tipos de amores. Como dijo Tolstói, «las 99 centésimas partes del mal que habita en los hombres proceden de este falso sentimiento que ellos llaman amor y que se parece al amor en la misma medida en la que la vida de un animal se parece a la de un hombre...».

El amor no es:

— una obligación moral;
— un poder que se tiene sobre el otro;
— piedad;
— una falta de acción;
— angustia;
— debilidad;
— una necesidad de recibir o de proporcionar afecto;
— sadomasoquismo.

En las expresiones corrientes de la vida, el amor suele enlazarse con la noción de tiempo («Todo pasa, todo cansa») y de espacio («Ojos que no ven, corazón que no siente»).

También es necesario saber si somos nosotros los que buscamos el amor o si es este el que nos persigue. ¿Somos realmente capaces de experimentar el verdadero amor, esa fusión de la que ya he hablado, esa comunión intensa? ¿Acaso hay alguna fuerza escondida en nuestro interior que desea expresarse y revelarse? ¿Realmente emitimos y recibimos una serie de vibraciones?

Yo lo creo, puesto que nuestra columna vertebral es la antena emisora y receptora de nuestro cuerpo radar. El lenguaje popular está lleno de verdades que reflejan este hecho con absoluta claridad, y por eso se dice que dos enamorados «se mueven en la misma longitud de onda».

El problema es que emitimos o recibimos mal dichas vibraciones, o lo hacemos de forma inconsciente. Sin embargo, para amar es esencial que exista una iniciación, una reflexión. El amor es una pulsión hacia el otro, hacia los demás, una necesidad innata de recrear un arquetipo perdido (el estado angélico o andrógino).

La numerología de la pareja puede adaptarse a cualquier relación humana, porque todo sentimiento es un acto de amor, sea cual sea el reino implicado (humano, animal, vegetal, mineral).

El amor nos obliga a plantearnos la cuestión de la reencarnación. ¿Cómo es posible que se produzca esa brusca sensación de reconocimiento la primera vez que se ven dos personas? Por una parte, se debe a que las vibraciones que se mueven en la misma longitud de onda se parecen y armonizan. Son dos espejos reflectantes. Con el tiempo, ambos acabarán descubriendo en dicho espejo los defectos del otro, así como los suyos propios, sin tener conciencia de ello. Y entonces querrán romper con ese aspecto negativo del otro que, en la mayoría de los casos, será la reproducción negativa de una parte de sí mismos.

Dicen que el amor mueve montañas, pero ¿qué es esa fuerza, esa energía tan poderosa que procede del interior del cuerpo y el alma? ¿Es *kundalini*?

Estemos donde estemos y seamos quienes seamos, siempre buscamos a nuestro sosias, nuestra alma gemela. En ocasiones creemos haberlo encontrado, pero no tardamos en darnos cuenta de nuestro error, así que proseguimos con nuestra búsqueda hasta que un día, sin que sepamos ni cómo ni por qué, encontramos a nuestro doble.

¿Qué hay en todo ello más allá del narcisismo?

La psicología revela que el ejemplo más bello de amor se produce cuando un hombre cree haber encontrado su *anima*, y si la mujer también siente haber encontrado su *animus*, el milagro se producirá en cuestión de segundos y nacerá un «gran amor». Sin embargo, ¿esta semejanza será duradera?

Los problemas surgirán si no aprenden a gestionar sus patrimonios caracteriales y cíclicos.

El *anima* es el polo femenino (polo –) del hombre, mientras que el *animus* es el polo masculino (polo +) de la mujer.

El amor es un retorno a la fuente original. Nuestros cuerpos están ahí para captar y proporcionar amor. Las investigaciones científicas aún no han conseguido comprender el fenómeno que se produce en lo más profundo de nuestras células. Es el éxtasis. Son muchas las personas que lo han experimentado en sus carnes, pero ¿alguna de ellas sería capaz de explicarlo con palabras?

Así pues, los verdaderos ingenieros del amor son los grandes místicos, dado que han logrado unirse al universo.

El más (+) y el menos (–)

Cuando el principio masculino y el femenino se encuentran, inician un proceso evolutivo. Mientras el 1 estuvo solo no se produjo nada, pero en cuanto se creó el 2, ambos engendraron al 3. Con los números ocurre lo mismo que con los hombres y las mujeres; sin embargo, para los humanos es un principio inconsciente. Al encontrar al principio femenino, el masculino se vuelve activo, dinámico y viril, mientras que el femenino se torna receptivo.

Lo mismo ocurre en todas las creaciones de la naturaleza: todo aquello que está hueco es femenino y, por lo tanto, menos (–), mientras que todo lo recto es masculino y, por lo tanto más (+).

En esencia, el hombre es creador y la mujer, formadora de vida. La creación siempre precede a la formación.

El principio femenino se vincula con la ley de la evolución; el masculino, con el de la involución.

En su tratado sobre la naturaleza, Filolao, un discípulo de Pitágoras, afirmaba: «La naturaleza que constituye el mundo es un compuesto armonioso ilimitado y finito [...] Todo aquello que existe posee un número, pues es imposible que, sea lo que sea, pueda conocerse o siquiera imaginarse sin su número. El número posee dos especies propias: la impar y la par, así como una tercera especie derivada de su combinación: la par-impar.[3] Cada una de estas especies es susceptible de tomar formas muy numerosas».

También podemos citar a Plutarco, que nos hizo llegar una serie de declaraciones atribuidas a Pitágoras: «El par es siempre imperfecto y le falta alguna cosa. En cambio, el número impar es cabal y

---

3. La neutra.

completo: unido al par, conserva su carácter porque el resultado es impar [...] Unido a sí mismo, es decir, a otro número impar, produce un par, demostrando así su fecundidad. El impar no se puede dividir en dos partes sin que quede un resto. Por su parte, el número par unido a sí mismo es incapaz de crear un impar y se deja dividir con facilidad. Homero no pasó por alto este detalle».

El 1, principio de todos los números, contiene a la vez el par y el impar porque, como bien precisó el erudito neopitagórico del siglo II Teón de Esmirna:

1 + par = impar
1 + impar = par

Los primeros números masculinos impares son: 1, 3, 5, 7, 9. Los primeros números femeninos pares son: 2, 4, 6, 8, 10.

Y no debemos olvidar el número 0, que tiene la facultad de convertir en pares aquellos números que son esencialmente impares. Así, 5 es un número impar, mientras que 50 es un número par. Sin embargo, los números pares no se hacen impares cuando se les añade el 0: 4 es un número par, al igual que 40.

Método de cálculo

Desde siempre, el hombre ha intentado comprenderse. La numerología moderna, heredera de la aritmosofía sagrada, es sin duda el método más sencillo y preciso para analizar el carácter.

Para descubrir los secretos de su personalidad sólo tiene que convertir su nombre y su apellido en cifras. Si posee varios nombres de pila, puede codificarlos numéricamente de acuerdo con la tabla siguiente, pero recuerde que los números resultantes tendrán una incidencia muy secundaria.

En verdad, el nombre o el apodo que con más frecuencia utilizan las personas para referirse a usted es el que emite las vibraciones que realmente le caracterizan.

1	2	3	4	5	6	7	8	9
A	B	C	D	E	F	G	H	I
J	K	L	M	N, Ñ	O	P	Q	R
S	T	U	V	W	X	Y	Z	

Ejemplo: C A R O L I N E   B A Y A R D
            3 1 9 6 3 9 5 5   2 1 7 1 9 4
            41   +   24   = 65 (6+5) = 11

Los numerólogos distinguen: los caracteres 1, 2, 3, 4, 5, 6, 7, 8 y 9, así como los caracteres especiales 11 y 22. Estos últimos se consideran especiales porque son «números maestros», que muestran una doble representación del mismo número. Es posible que esté pensando que existen otros ejemplos de números maestros, como 44, 55, 66, etc.; sin embargo, la tradición sólo ha mantenido estos porque, más allá de ellos, «el hombre se convierte en un dios inmortal liberado para siempre de la muerte», tal y como afirmaban los pitagóricos en los célebres *Versos dorados*.

Sin duda alguna, le sorprendería saber la cantidad de información que puede contener y revelar un simple número. Sin embargo, para realizar un estudio de carácter completo, los numerólogos primero calculamos el número del nombre y el apellido, después separamos las vocales y las consonantes de ambos, y finalmente ordenamos los números por coeficientes.

Cada búsqueda numérica constituye un elemento adicional que le permitirá descodificar sus mecanismos de reacción y comprender su potencial. Esta técnica resulta muy útil para dar respuesta a sus problemas de personalidad. La numerología es una herramienta muy eficaz en la orientación escolar y profesional; hay quienes la utilizan para seleccionar a los candidatos a un puesto de trabajo y los test de personalidad de ciertas páginas web sociales proceden de la numerología.

Aunque resulta imposible volver a explicar todo el método en este libro, en la sección final he incluido ejemplos de análisis en profundidad de la personalidad y sus ciclos.

La fecha de nacimiento se utiliza para calcular el camino de vida, los años personales, los tres grandes ciclos de vida, las cuatro realizaciones, los ciclos personales mensuales, las realizaciones anuales y los meses y los días personales.

Sin embargo, debe saber que tras el aspecto cíclico de su fecha de nacimiento se ocultan también ciertos elementos importantes de su carácter. Por lo tanto, le invito a realizar el siguiente cálculo rápido para descubrir estos aspectos complementarios. Para efectuarlo, sólo tiene que añadir a su año de nacimiento el día y el mes en que nació.

Ejemplo: Usted nació el 11 de marzo de 1953.

$$\begin{array}{r} 1953 \\ +11 \\ +3 \\ \hline 1967 \end{array}$$

$1967 \; (1+9+6+7) = 23 = 5$

En este caso, su camino de vida sería el 5 (número oculto: 23). Por lo tanto, debería leer la interpretación del número 5 de forma complementaria a la de su número de carácter.

Es posible que algún día conozca a una persona que se llame igual que usted o que haya nacido en la misma fecha; sin embargo, nunca conocerá a nadie que se llame igual y que además haya nacido en la misma fecha. Usted es un caso único en el universo.

Más adelante se describen las características de los números «puros», sin tener en cuenta aquellos matices que sólo se revelarían mediante un estudio en profundidad. De todos modos, este libro le revelará ciertos aspectos complementarios sumamente importantes. Los apartados que hacen referencia al tipo de profesión ejercida y las preferencias vitales le permitirán situar rápidamente a su pareja y le indicarán cómo puede complacerla o encontrarla. También le enseñarán a conocerse a sí mismo y a comprender y respetar la personalidad de su cónyuge.

Con todos estos elementos en la mano, usted dispondrá de las bases de la verdadera comunicación, que es un elemento clave para el éxito de su vida de pareja, su felicidad y, en consecuencia, la del mundo.

¿Qué *carácter* tiene y con quién podría *entenderse*?

La suma teosófica[4] del nombre y el apellido equivale a 1

Perfil caracterial

Ya sea hombre o mujer, usted posee un perfil de jefe. Desea triunfar en la vida profesional y necesita grandes dosis de actividad para sentirse bien. Elabora su felicidad a partir de sus conceptos de libertad, autonomía e independencia. Posee sentido del mando y le cuesta aceptar una autoridad jerárquicamente superior. Cree poseer una lógica que sólo le pertenece a usted y le cuesta entender o admitir los meandros logísticos de los demás. Para usted todo es blanco o negro, así que los matices de gris se vuelven irracionales y carentes de fundamento.

---

4. Del griego *théo* («Dios») y *sophia* («ciencia»).

Le gusta imponer su voluntad y sus ideas. Usted manda y los demás saben que deben obedecer, puesto que no vacila en desembarazarse de los espíritus molestos.

Dinámico, brillante, voluntarioso, luchador: todos sus sentidos están siempre alerta para conseguir el primer puesto. Se lanza sin dudar sobre cualquier obstáculo que haya que superar. Valiente y temerario, siempre sigue adelante, incluso cuando es necesario recurrir a la fuerza. Su objetivo es vencer al adversario, y sabe hacer malabarismos con él. Maestro del tablero de la vida, su espíritu de síntesis le permite descubrir los puntos débiles de su rival, aprovecharlos e incluso explotarlos para ganar la partida.

Usted es un líder nato capaz de mover multitudes. Si percibe cierta resistencia en el campo contrario, es muy posible que se arriesgue a superar los límites de su formidable ascenso.

Es importante que cuestione su conducta y que admita que para ganar necesita a los demás. ¡En la comedia humana participan muchos actores! Por lo tanto, conceda prioridad a su generosidad y aprenda a repartir todo aquello que ha recibido. Acepte la «debilidad» de los demás. Aprenda a comprenderlos y evite hacer gala de un espíritu crítico excesivamente mordaz. No todo el mundo puede tener el mismo talante triunfador que usted.

Se muestra paternalista con sus empleados y sus colaboradores, una actitud que no siempre aprecian los demás.

Vida profesional

Usted es la cabeza pensante de su empresa, de un equipo o de un grupo. Es probable que ocupe algún puesto directivo. Si durante el transcurso de su carrera no consigue hacerse con el puesto de director o de presidente ejecutivo, cambiará de rumbo y creará su propia empresa.

Perfil sentimental

Tiene un gran talento para los negocios, pero no tanto para el amor. Muestra cierta tendencia a querer dominar a su pareja. Aunque se muestra apasionado, debe recordar que es importante crear un clima de confianza y ternura. No intente imponer sus preferencias a cualquier precio: su pareja posee sus propios gustos y no debe depender únicamente de usted y de sus caprichos. Un instinto de posesión excesivo arruinará su relación y acabará desestabilizando el éxito personal que tanto ambiciona. Lo primero que debe aceptar es que para construir una relación afectiva duradera hacen falta dos personas.

A la hora de enfrentarse a sus sentimientos más íntimos, no es más que un niño que descubre los valores de la vida. La calidez, el amor y la ternura valen más que un trono solitario que descansa en lo alto de una pirámide construida con unos cimientos de dinero, poder y falta de comunicación con los niveles inferiores.

El formidable empuje y el potencial intelectual que le caracterizan podrán incrementarse si aprende a compartir y aprovecha la complementariedad caracterial de su pareja. Juntos podrán construir un imperio personal en el que esta vez no olvidará los valores humanos y espirituales de la vida. Se encuentra en sus manos el alcanzar un vínculo satisfactorio.

En familia se comporta como el patriarca. Si es un hombre, le costará muchísimo aceptar que su mujer trabaje, puesto que considera que sólo usted puede y debe asumir las responsabilidades económicas y profesionales de su familia. Sin embargo, la verdad es que teme que su mujer consiga llegar más lejos que usted en el mundo empresarial, de modo que intenta relegarla a las funciones domésticas de esposa y madre.

Es un buen padre o una buena madre que se preocupa por el futuro de sus hijos. Sin embargo, dista mucho de ser un padrazo o una madraza. Es muy posible que se muestre intolerante y autoritario con sus hijos, que quizá le reprocharán falta de comunicación y comprensión.

La mayoría de los conflictos generacionales aparecen cuando el padre o la madre tienen un temperamento 1. Usted necesita garantizar su descendencia y, por lo tanto, no podría aceptar a un compañero estéril. Aunque las niñas le encantan, prefiere tener hijos que le aseguren la perpetuidad de su apellido.

Ídolos

Apenas tiene ídolos, aunque siente respeto por las figuras importantes de este mundo y por aquellas que han logrado pasar a la historia.

Lecturas preferidas

Las biografías de los grandes jefes de Estado y personajes de este siglo y el anterior, en primer lugar, y de otros siglos, después.

Películas preferidas

Aquellas que tratan sobre la construcción de un imperio, una empresa o un grupo empresarial.

Series preferidas

Cinco hermanos, Los Soprano, Los Tudor y *El ala oeste de la Casa Blanca*, pues se siente identificado con la figura del cabeza de familia.

Programas de televisión preferidos

Las noticias y los documentales de economía y política.

Preferencias para vestir

Le gusta la ropa cara. Se decanta por los conjuntos sobrios y elegantes que realzan su prestancia, su imagen de marca.

Los regalos que más le gustan

Un retrato, una estatua, una foto en la que aparezca usted, quizá rodeado de sus seres queridos. También le gusta ver enmarcados los diplomas o las medallas que ha ganado.

Mi consejo para su equilibrio

Aprenda a compartir, a comunicarse y a delegar. Baje de su trono y ocúpese de sus súbditos. Deshágase de su corona y póngase un sombrero más mundano. Sin duda, será el último en reconocer que necesita seguir un proceso de formación y desarrollo personal; sin embargo, es así. Aprenda a reconocer sus defectos.

Compatibilidad de carácter con un temperamento…

1: El uno o el otro deberán someterse, aunque lo más probable es que sea la mujer quien ceda (en apariencia). Sin embargo, ¿lograrán ser felices como pareja? Hay muchas posibilidades de que malgaste su formidable energía hasta el día en que se dé cuenta de que la relación es insoportable. Este tipo de pareja puede dar rienda suelta a reacciones pasionales terribles, así como despertar las tendencias más negativas y envilecedoras de la raza humana. Por lo tanto, es preferible evitarla. Recuerde que tendrá que haber necesariamente un vencedor… ¿quién de los dos será?

2: Esta vez sí que logrará ganar la partida. Sea consciente de las atenciones que le dedica su pareja para complacerle y construir una vida privada cálida y agradable. Aprenda a reconocer las cualidades de su cónyuge y busque el equilibrio adecuado para no destruir su potencial creativo. Este tipo de relación recuerda la de un sultán y su favorita. Por lo tanto, asegúrese de no superar algunos límites, eche un vistazo a la declaración de los derechos humanos. Y si la relación termina, asuma su responsabilidad.

3: Esta relación puede favorecer el florecimiento de su carácter, gracias al encanto y al don de gentes de su pareja. Puede que incluso disfrute de un rápido ascenso en su carrera, potenciado por su talento creativo y sus dotes para la comunicación. Sin duda, ambos vivirán en armonía y aprenderán a abrirse nuevos horizontes que, por sí solos, nunca habrían alcanzado. Este tipo de relación es muy positiva tanto para usted como para su pareja, a la que podrá proteger y devolver a la realidad si su gran inspiración artística la aleja demasiado del mundo terrenal. De hecho, poseen unos caracteres tan complementarios que su unión puede ayudarles a construir algo muy grande y poderoso, ¡y eso no está nada mal! Los niños se verán favorecidos en el seno de esta pareja.

4: Le costará aceptar los límites de su pareja. Al verse frenado en su ascenso, debido a problemas familiares, trastornos de salud o cualquier otro pormenor, sentirá que se marchita. Aunque es posible que logre triunfar profesional y sentimentalmente, el éxito se verá ralentizado por su pareja, que no sabrá jugarse el todo por el todo en la vida. Usted se sentirá como un león enjaulado y, por lo tanto, es muy posible que desee escapar. Sin embargo, una empresa familiar podría aportarle estabilidad.

5: Se trata de una combinación muy armoniosa. El carácter de su pareja le ayudará a innovar y a materializar sus ideas. Siempre tendrá una reserva de planes nuevos para inventar, cambiar y viajar. No cabe duda de que la rutina nunca formará parte de una pareja que tenga un espíritu tan innovador como el 5. ¡Le aguardan muchos cambios y sorpresas! ¡Cuántos imprevistos, pero también cuánta emoción habrá en su vida! De todos modos, no espere estabilidad en su relación, pues esta no será demasiado convencional.

6: Como carece de la sensibilidad necesaria para comprender los meandros del carácter 6, es muy probable que acabe hiriéndolo. El temperamento 6 siempre le estará recordando sus deberes y responsabilidades familiares, pero usted se negará a renunciar a su libertad. ¡Toda relación es difícil cuando ambos tienen razón! Si tiene motivaciones artísticas, esta relación podrá aportar éxito y concretización a los proyectos de ambos.

7: Cuando dos personas independientes e intelectuales se encuentran, se reconocen. La energía y el intelecto del carácter 1, combinados con la fuerza interior y la sed de conocimiento del carácter 7, crean una relación sumamente constructiva. Juntos, pueden profundizar en su búsqueda, en sus aspiraciones y en la materialización de sus ideales. Sin embargo, ambos deberán respetar la personalidad y la individualidad del otro. El carácter 7 tendrá un efecto positivo sobre el carácter 1 en lo que respecta a los valores humanos y la evolución espiritual. De hecho, el 1 podría ascender gracias a su cónyuge. Es posible que el carácter 7 ralentice la expansión material de su pareja. Esta relación será más amistosa que afectiva, puesto que a ambos les costará compartir totalmente su vida y asumir lo que supone vivir en pareja.

8: Se trata de un tipo de relación muy positiva en el plano material. Ambos cónyuges lograrán avanzar con rapidez a nivel profesional. El campo sentimental ocupará un segundo plano y no cabrá esperar grandes demostraciones de afecto. Si deciden casarse, lo harán movidos por el interés o la razón (financiera). Cuando un rey elige a una reina por su dote, su genealogía o las amistades que mantiene en un mundo de difícil acceso, ¿qué lugar ocupa el amor, si es que realmente ocupa alguno? De todos modos, también ha habido reinas y reyes que han podido vivir felices y enamorados.

9: El temperamento del carácter 9 ayudará al 1 a abrirse al mundo exterior. Aunque el carácter 1 sea esencialmente egoísta, su pareja será capaz de abrirle los ojos. El mundo está lleno de miserias, de modo que esta relación positiva puede dar lugar a proyectos humanitarios. En el plano espiritual, será una unión excelente, aparentemente contraria pero en realidad complementaria. Esta combinación de caracteres emite vibraciones sociales muy importantes y favorece la creación de obras literarias, filosóficas y humanas. En esta relación también tendrá cabida el amor, que podrá irradiar su brillo sobre los demás.

11: Esta relación sólo será posible si el carácter 1 posee al menos un número fuerte, como el 9, el 11 o el 22. De lo contrario, supondrá la destrucción de las dos personalidades, en especial la del carácter 11, que es muy frágil a nivel nervioso. El carácter 1 necesitará al 11 para iniciar un desarrollo personal y espiritual. El carácter 11, por su parte, deseará que su pareja le ayude en sus deseos de construir algo que contribuya a la felicidad humana. La armonía afectiva se establecerá de forma progresiva, pero será necesario que el carácter 1 se eleve hacia el 11. Y mientras tenga lugar esta evolución, cabrá esperar varios choques, puesto que cada uno querrá imponer sus ideas al otro.

22: Esta unión favorece los grandes logros humanos o espirituales. Sin embargo, pueden existir ciertas dificultades afectivas debidas al grado de iniciación de cada uno. Esta relación sólo será viable si el carácter 1 posee números fuertes, como el 9, el 11 y el 22. Si ninguno de los dos caracteres ha logrado culminar un proceso espiritual, será preferible que no inicien la relación, que tendría efectos negativos, sobre todo para el carácter 22 (depresión nerviosa, trastornos psíquicos...).

La suma teosófica del nombre y el apellido equivale a 2

Perfil caracterial

Su perfil es complejo, pues revela que usted cuestiona constantemente todo lo que le rodea. Su modo de pensar se basa en la dialéctica. Su razonamiento oscila entre dos opuestos y necesita encontrar un equilibrio justo entre estas contradicciones. A los demás les cuesta entender este mecanismo filosófico que le permite analizar a largo plazo la tesis y la antítesis de sus propósitos, sus ideas, y el lado positivo y negativo de sus actos. A partir de sus contradicciones, esta reflexión profunda le permite comprender la única verdad que le conviene a usted a o los demás. Usted es un espejo de dos caras, de modo que debe aceptar que los demás no perciban de inmediato sus cualidades o su lógica de reflexión. En cuanto aprenda a encontrar el justo equilibrio entre sus contradicciones, podrá construir una personalidad a toda prueba, dotada de una poderosa riqueza humana.

El número 2 es el símbolo de la cooperación, la diplomacia y el tacto. A usted le gustan las actividades de tipo asociativo. Reflexiona y trabaja de un modo muy sutil, normalmente entre bastidores, para alcanzar sus objetivos. Es una persona persuasiva que conoce cómo conseguir que los demás se adhieran a sus decisiones. Sabe adaptarse a todas las circunstancias nuevas y, como el camaleón, adopta el color de los lugares por los que se mueve. Esto le ayuda a sentirse cómodo en distintos terrenos y con personas muy diversas. Sin embargo, esto también hace que le resulte difícil encontrar un verdadero equilibrio que le ayude a florecer como persona.

Los demás le aceptan fácilmente debido a su amabilidad y sinceridad. Sin embargo, su humor es fluctuante.

Como carácter 2 que es, le afectan profundamente las críticas de los demás, así como la mezquindad. Debido a su sensibilidad extrema, este sufrimiento puede adoptar proporciones dramáticas, de modo que es importante que aprenda a tomar las cosas, las palabras y los acontecimientos en su justa medida, para no dramatizar.

Su emotividad extrema hace que su sistema nervioso sea muy sensible. Por lo general, le cuesta reaccionar ante los conflictos y la tensión, así que intente evitar todas aquellas situaciones problemáticas que le fatiguen mentalmente. Para evitar las fricciones recurre de forma inconsciente al diálogo, la amplitud de miras y la negociación, pues detesta los gritos, la violencia y los desencuentros. Hace piruetas para mantener la armonía entre quienes le rodean, incluso aunque esté convencido de que las cosas ya no funcionan. Es capaz de realizar sacrificios y cargar con un gran peso sobre sus hombros, pero tenga cuidado: si soporta un peso excesivo, podría acabar perdiendo el equilibrio y la resistencia.

Busca la compañía de los demás y no soporta la soledad durante demasiado tiempo. Le preocupa lo que pueda pensar la gente y, por lo tanto, cuida bien su imagen. Si lo acusan injustamente de algo, se muestra susceptible y se encierra en su concha, de la que sólo saldrá si le dedican grandes muestras de ternura. Sin embargo, debe aprender a establecer cierta distancia y a vivir por y para usted.

Posee una memoria emocional que selecciona todos los hechos y comentarios pasados que han incidido positiva o negativamente en su ser. Labra su presente y su futuro sobre este pasado, lo que le genera un rencor tenaz que debería aprender a superar.

Tiende a la fantasía y la pasividad. Por lo general, se apoya demasiado en los demás, pero su emotividad le convierte en una persona muy intuitiva. Evite flagelarse mentalmente o, lo que es lo mismo, sufrir inútilmente.

Vida profesional

Destaca como colaborador, mediador y conciliador. Le gustan las actividades de tipo social, y podría ser un excelente consejero.

Trabaja muy bien en grupo, pues sabe crear un entorno tranquilizador y reconfortante. Le encanta ayudar al prójimo, pero no soporta que los demás no le reconozcan sus habilidades profesionales.

Es probable que se decante por profesiones tales como secretario, ayudante de dirección, asistente social, puericultor, consejero o asistente doméstico. También le atraen las asociaciones benéficas.

Perfil sentimental

Tiene un carácter dulce, tierno y afable.

Es incapaz de concebir la vida sin la seguridad de un hogar lleno de niños. Los caracteres 2 y 6 son los que más se desestabilizan cuando la felicidad no reina en el hogar. Para usted, el divorcio es un verdadero fracaso y la pérdida del cónyuge o de un hijo es un drama que tardará muchísimo tiempo en superar y que dejará unas heridas indelebles.

Su pareja debe gozar de una situación laboral que le proteja de los problemas materiales. La falta de seguridad económica le resulta dramática, pues le impide prevenir y garantizar las necesidades de su familia.

Además de muestras de afecto constantes, necesita tener cerca a su pareja y a sus hijos. La único que está dispuesto a tolerar es que sus seres queridos pasen parte de la jornada lejos de usted para construir su futuro y asegurar esa seguridad financiera que tan indispensable le resulta.

Las mujeres de temperamento 2 son excelentes amas de casa, pero también necesitan realizar alguna actividad en el exterior con el objetivo de mantener un equilibrio. La falta de actividad fuera del seno familiar las conduce lentamente hacia la depresión y las enfermedades psicosomáticas.

El carácter 2 se muestra muy unido a su casa, sus muebles y sus objetos. Necesita un hogar confortable que sabrá crear sin ninguna dificultad. Una mudanza o la pérdida de un entorno familiar le resultarán perturbadores.

Usted es el vivo retrato de su padre o su madre. Es solícito y atento. Le da miedo mostrarse demasiado maternal y seguir tratando a su hijo como un bebé aunque ya haya cumplido los 18 o incluso los 30 años. Se muestra tan posesivo que puede acabar sofocando la personalidad de los miembros de su familia.

Es paciente y atento con los niños, salvo cuando alborotan demasiado... y entonces saca a la luz su faceta más tosca, sólo para lamentarlo de inmediato.

Se muestra poco autoritario por temor a herir a sus hijos... y es posible que estos se lo echen en cara más adelante. Es importante que aprenda a diferenciar entre sensibilidad y sensiblería para poder comportarse adecuadamente en cada situación.

En caso de segundas nupcias, le costará aceptar a los hijos de su pareja, puesto que no siente que le pertenezcan.

Busca una pareja fuerte y tierna en la que apoyarse. Le cuesta cortar el cordón umbilical que le une a sus ascendientes y, si vivió una infancia infeliz, buscará en su pareja al padre o la madre que nunca tuvo.

En cuanto al amor, se muestra receloso y siempre está atento al menor detalle que pueda indicar que su pareja le engaña o que su relación es una farsa. De los siete pecados capitales, el que más peso tiene para usted es el adulterio.

Su pareja debe aprender a respetar su intimidad y usted, por su parte, tiene que saber mantener los pies en el suelo. Aunque la vida, en su dura realidad, no tenga nada que ver con los cuentos de hadas, siempre puede iniciar una cruzada que le permita mejorar las condiciones de la existencia humana.

Suele seleccionar automáticamente a sus amigos basándose en un criterio de semejanza con su propio carácter (esto es algo positivo que le aporta confianza). Sin embargo, elegir una pareja que sea su propio reflejo será un verdadero desastre, puesto que si un carácter 2 se multiplica por 2, el resultado será una pasividad absoluta sobre la que no se podrá construir nada.

Ídolos

Le encantan los cantantes seductores y románticos, como Julio Iglesias, Tino Rossi, Elvis Presley y su canción *Love Me Tender*, Linda de Suza, etc.

Lecturas preferidas

Las historias de amor que hacen que se nos escape alguna lagrimilla. Los libros que hablan de dinastías familiares. Los cuentos y leyendas. Las historias sobre hadas. También le gustan los dramas psicológicos, las novelas de misterio y los libros de astrología, psicología, numerología, etc.

Películas preferidas

Lo que el viento se llevó, Posdata: te quiero, Ghost: más allá del amor, las películas y series románticas (no olvide llevar encima una buena reserva de pañuelos y disponer de tiempo suficiente para reponerse).

Series preferidas

Mujeres desesperadas o los culebrones como *Dallas*.

Programas de televisión preferidos

Los programas de actualidad social.

Preferencias para vestir

Los tonos pastel, los estampados de flores, los encajes, los bordados y los volantes.

Los regalos que más le gustan

Todos, pero en especial los retratos familiares, las joyas, las flores, los dulces con chocolate, una casa de ensueño...

Mi consejo para su equilibrio

Acuérdese de soñar, pero no lo haga con demasiada frecuencia. En realidad, lo que más le atrae es también lo que más le desestabiliza. Debería ver películas y leer libros que le aportaran apoyo psicológico y favorecieran su desarrollo personal y espiritual, y olvidarse de aquellos que le hacen cuestionarse su vida o su amor, o le incitan a regodearse en sus propias desgracias.

Compatibilidad de carácter con un temperamento...

1: Véase 1 con 2 (p. 39).

2: La dualidad de las letras o los números no resulta favorable para el desarrollo personal ni la felicidad conyugal. En esta pareja no habrá complementariedad; en cambio, sí que abundarán las tensiones, las dudas, las preocupaciones y las angustias. A ambos cónyuges les costará progresar y las bases de su relación serán demasiado frágiles y perturbadoras para su equilibrio psíquico. Tanto el carácter 1 como el 2 querrán que el otro los proteja y se sentirán faltos de protección. Esta unión será perturbadora para los futuros hijos.

En el terreno de la amistad, esta relación podría aportar cierta apertura espiritual.

3: Esta relación ayudará al carácter 2 a exteriorizarse y al 3, a relajarse. Es una buena combinación que puede fomentar el equilibrio familiar y profesional. Aunque se producirán altibajos energéticos, la armonía afectiva se verá privilegiada.

La imaginación y la intuición del carácter 2 ayudarán a su pareja a perfeccionar su creatividad, mientras que la fuerte vena relacional del carácter 3 influirá positivamente en su cónyuge, al ofrecerle la serenidad y la seguridad que uno puede encontrar en un buen amigo. Esto hará que el temperamento 2 no se sienta tan aislado, pues sabrá que cuenta con el apoyo de su entorno, lo que le permitirá desarrollarse en toda su plenitud.

4: Si al carácter 2 le cuesta decidirse, al 4 le costará el doble. Esta relación no será sencilla, pues lo más probable es que ambos cónyuges se anden por las ramas antes de que decidan pasar a la acción. A pesar de su complejidad, esta relación puede aportar cierta estabilidad material.

El carácter 4 aportará equilibrio a su pareja, pero no le brindará la oportunidad de soñar, y esto podría dar paso a los reproches. También es posible que se produzcan separaciones episódicas. Al carácter 4, por su parte, le costará comprender la sensibilidad, la emotividad y la intensidad de los sentimientos de su pareja, lo que podría generar conflictos.

A nivel de amistad, esta relación será sólida y eficiente.

5: Este tipo de relación será perturbadora para el carácter 2, pues comportará demasiados cambios e inestabilidad. La dependencia del carácter 2 y la independencia del 5 no hacen buenas migas. Debido a su gran necesidad de libertad y movimiento, el carácter 5 no podrá satisfacer los deseos del 2, que es muy hogareño, a no ser que este desee jugar a ser una Penélope que espera a su Ulises... Un Ulises perdido entre ninfas y cantos de sirenas, ¡que embaucan a los navegantes e incluso a los aventureros del siglo XXI!

6: En este caso, el carácter 2 habrá encontrado a su príncipe encantador. Se trata de una unión sentimental excelente: un flechazo, un matrimonio por amor. Juntos podrán construir su propio templo del amor. Sin embargo, no deberán olvidar que la vida terrenal se compone de tres planos: el espiritual-intelectual, el afectivo y el físico-material. El gran amor que comparten no podrá durar si olvidan el aspecto material y financiero de la pareja. Por lo tanto, en cuanto acabe la luna de miel, deberán regresar a tierra firme y elaborar proyectos concretos que garanticen la perennidad de su felicidad.

7: El carácter 2 desea una vida material apacible, de modo que la capacidad intelectual y la habilidad profesional del carácter 7 le garantizarán las comodidades que busca. También habrá buenas vibraciones en el plano espiritual. Sin embargo, el ámbito afectivo se verá menos privilegiado, pues es posible que el carácter 2 se sienta abandonado y rechazado por su pareja. Antes de lanzarse a esta relación, sería bueno realizar un análisis en profundidad para determinar la capacidad de escuchar, dialogar y comprender del carácter 7.

8: Se trata de una relación excelente y muy favorable en todos los campos. Estos números son absolutamente complementarios, tanto en el plano afectivo como en el laboral y el físico. Se dinamizan el uno al otro, lo que resulta positivo para la realización personal y en pareja de ambos caracteres. Las dudas del 2 se esfumarán, lo que le permitirá disfrutar de la seguridad material que necesita. Por su parte, el carácter 8 sabrá aprovechar la imaginación de su pareja y es muy probable que, juntos, logren construir algo sólido.

9: Este tipo de relación debe considerarse como una etapa en el camino, no como un juramento o un compromiso eternos. Es preferible vivirla como una intensa relación de amistad que aportará grandes cosas a la evolución personal, tanto intelectual como espiritual. La unión del 2 y el 9 suma 11, un número que genera vibraciones nerviosas y angustiosas que hundirán al frágil carácter 2 y al depresivo 9. De hecho, el equilibrio será tan delicado que es conveniente realizar un análisis numerológico en profundidad.

11: Esta relación será muy rica a nivel espiritual y extremadamente poderosa en cuanto a afectividad. Sin embargo, requerirá un firme equilibrio nervioso y un férreo control de las emociones. Para que la convivencia sea armoniosa, ambos cónyuges deberán estar preparados para realizar una búsqueda espiritual y tendrán que aprender a canalizar sus energías. A ambos se les abrirán diversas puertas en el mundo de las comunicaciones para iniciarse en todas las ciencias humanas y esotéricas, con el objetivo de consolidarse como pareja.

22: Esta relación será difícil de soportar para el carácter 22, que lleva mucho más tiempo que su pareja ascendiendo por las escaleras de la vida y la iniciación. El carácter 22 se sentirá ralentizado en su ascenso. Al 2, por su parte, le fascinarán los avances del carácter 22, pero, como no estará preparado para seguir sus pasos, es muy posible que pierda el equilibrio que tanto le cuesta conseguir. Será necesario que entre los números del carácter 2 haya un 11 que le aporte la apertura que necesita en el plano espiritual, así como un 4 o un 8 materiales y terrestres que le permitan mantener los pies en el suelo. Antes de iniciar esta relación, sería conveniente realizar un análisis numerológico en profundidad.

La suma teosófica del nombre y el apellido equivale a 3

Perfil caracterial

Tiene como compañero el número que favorece la expresión a través de las palabras, el arte, la creatividad y la comunicación. ¡Qué grandes posibilidades de evolución personal!

Usted es una persona extrovertida que siempre se muestra jovial, entusiasta y sociable. Sin embargo, le cuesta romper el hielo durante un primer encuentro. Debería mostrarse más natural y no crearse un personaje que le ayude a mantener las distancias.

Cuando la armonía reina en su vida, sabe crear un entorno acorde con su personalidad, caracterizada por el buen gusto y el sentido artístico. En ocasiones se deja llevar por la superficialidad, pero debería evitarlo para conservar su equilibrio. Aunque posee uno de los temperamentos más agradables de la numerología, en ocasiones atraviesa periodos agitados y promete más de lo que en realidad puede garantizar. Tiene una necesidad innata de expresión y comunicación, y sufre cuando sus experiencias no le permiten saciarla. Debería buscar paliativos culturales e intelectuales. Necesita sentirse reconocido y apreciado, pero esto también tiene su lado negativo, pues podría generar escenas melodramáticas forjadas a partir de sus heridas morales.

Debe aprender a canalizar su temperamento para alcanzar el éxito que tanto ansía. Usted es una persona de confianza a la que no le faltan los amigos ni los contactos sociales y profesionales. Sin embargo, no le importa olvidar sus promesas a medida que evoluciona, y esto podría ocasionarle problemas afectivos y laborales.

Desea comprender todo aquello y a todos aquellos que le rodean, y posee una imaginación desbordante que necesita canalizar.

En el campo estrictamente profesional opta por la polivalencia. Además, se muestra mordaz y crítico cuando se mueve por un terreno que conoce a la perfección. Celoso de su imagen de marca, es posible que se cierre puertas. Protéjase de las tendencias caprichosas y de los excesos de celo. Conserve su buen humor y aproveche al máximo su talento como animador. Cuando le sometan a un proceso de auditoría, muéstrese comunicativo y multiplique los ejemplos con una pizca de humor. Y no se olvide de su lógica analítica ni de su talento psicológico, pues le resultarán muy útiles en las relaciones personales y en el trabajo. Siempre se muestra entusiasta, animado y listo para la acción. Le encanta crear, pero también adaptar. Su originalidad le permite desmarcarse de los demás.

El temperamento 3 me hace pensar en un hombre o una mujer orquesta, puesto que parece un arco con muchas cuerdas y le interesan diversos campos.

Al estar dotado de un espíritu sutil que siempre le permite escapar de cualquier apuro, resulta difícil engañarlo. Además, siempre tiene una respuesta para todo y sabe salir impune incluso de las situaciones más embarazosas.

Vida profesional

Las actividades más acordes con su personalidad son aquellas que le permiten expresarse, crear y animar. Por ejemplo, podría ser presentador de televisión, o quizá uno de esos profesores que todos desean encontrar en un curso de formación profesional para adultos. El mundo del espectáculo también le atrae. Sea como sea, usted es un organizador nato. ¿Desea crear un centro vacacional, de ocio o de animación sociocultural? También es posible que forme parte del consejo de comunicación de una empresa o que sea el presentador de las noticias o el tiempo. Ya sea el responsable de las relaciones públicas de su empresa o corresponsal de prensa, no cabe duda de que su mundo está relacionado con la comunicación.

Perfil sentimental

Su vida sentimental resulta un tanto confusa. Le cuesta encontrar el equilibrio emocional entre tantas relaciones. Debe aprender a jerarquizar sus sentimientos. Le encanta deshojar la margarita: me quiere, no me quiere, me quiere... Por lo general, tarda mucho tiempo en establecer una relación duradera. A pesar de ser una persona muy afectuosa, no le cuesta enseñar las garras cuando no se siente querido.

En cuanto decida establecer una relación seria, querrá estar rodeado de niños para rememorar sus juegos y sueños de antaño.

Para que su matrimonio tenga éxito, será esencial que conserve sus amistades y que disfrute de su tiempo libre del modo que más le guste. Nadie logrará encerrarle en una jaula, aunque sea de oro.

Le encanta recibir, y el entorno que le rodea resulta acogedor. Necesita tener a su lado a una persona estable que le ayude a construir una relación de pareja sólida y bastante atípica.

Es muy poco probable que se decida a pasar por una agencia matrimonial. Si lo hace, será porque se habrán producido una serie de desdichadas circunstancias que le habrán impedido dar rienda suelta a su verdadero carácter, que estará totalmente refrenado.

Ídolos

Las grandes estrellas y artistas: pintores, músicos, poetas, escritores, compositores, directores de orquesta, etc.

Lecturas preferidas

Las revistas y todo tipo de géneros literarios.

Películas preferidas

Puede decirse que es un gran cinéfilo, además de un melómano.

Series y programas de televisión preferidos

Todos, y le gustaría crear otros nuevos.

Preferencias para vestir

Le gusta la ropa informal y original. Le encanta cambiar de imagen y siempre está atento a las nuevas tendencias.

Los regalos que más le gustan

Que le inviten a una fiesta o a participar en un programa de radio o televisión. Los autógrafos y las dedicatorias. Una ayuda financiera que le permita materializar un proyecto. Una obra artística (ya sea un disco, un cuadro, un libro o una escultura), una estancia en un lugar de ensueño, un objeto de decoración o de moda...

Mi consejo para su equilibrio

Debe encontrar un equilibrio entre su vida pública y privada. Busque un lugar secreto en donde pueda recargar las pilas. Preste atención a su familia. ¡Y no permita que el éxito se le suba a la cabeza!

Compatibilidad de carácter con un temperamento...

1: Véase 1 con 3 (p. 39).

2: Véase 2 con 3 (p. 48).

3: El exceso de vibraciones idénticas conduce a una agitación interior desestabilizadora. El potencial creativo de ambos se verá reducido debido a la dispersión. Este tipo de relación afectiva impide el equilibrio armonioso de las estructuras sobre las que se asientan ambos cónyuges, de modo que es totalmente desaconsejable. Sin embargo, ofrecerá grandes posibilidades de elevación espiritual a quienes se sientan impulsados, siguiendo el camino del destino, a convertirse en faros luminosos que superen el plano puramente humano. Sólo los iniciados serán capaces de soportar el choque vibracional numérico de esta relación, en la que no estarán presentes los sentimientos, sino más bien algo del dominio del amor universal.

4: La creatividad del carácter 3 y la estabilidad y el rigor del 4 pueden resultar una gran combinación. Simplemente se trata de encontrar la justa medida para que la receta de la felicidad sea perfecta. Si el carácter 4 no reprime la necesidad de expresión y comunicación de su pareja, la ayudará a concretar y materializar sus aspiraciones e inspiraciones artísticas o creativas. Si el análisis numerológico es positivo, la relación será equilibrada y tendrá un toque de originalidad que complacerá a ambos cónyuges.

5: Se trata de una combinación muy buena. La vibración 3/5 es el símbolo de la creatividad, de modo que ambos cónyuges se sentirán satisfechos tanto en el ámbito sentimental como en el profesional. Este tipo de relación favorece los desplazamientos, los viajes y la adaptación inmediata a un nuevo contexto de vida privada o laboral. Sin embargo, el carácter 5 deberá poner freno a su dispersión y a su necesidad excesiva de objetos y placeres, pues esto tendría un efecto negativo en su cónyuge y, por lo tanto, destruiría una vida de pareja en la que la felicidad perfecta podría haber brillado con todo su esplendor.

6: Estoy convencida de que esta interacción numérica es el marco perfecto para el amor. Se trata de la expresión personificada del sentimiento amoroso. La creatividad unida a la armonía sentimental. Todo un compendio de bondades que parece conservarse sólo en la tradición de los cuentos y las leyendas: «Y fueron felices y comieron perdices». La vida es sencilla; son los hombres y las mujeres quienes la complican.

7: En este caso, todo dependerá de la fuerza individual de cada número. Si el temple y la comprensión forman parte del menú diario, los dos miembros de la pareja podrán dar rienda suelta a su creatividad y sus inquietudes intelectuales. Aunque esta relación no será puramente afectiva, resultará positiva para la evolución de ambos.

8: La complementariedad numérica de los caracteres 3 y 8 augura el éxito material y profesional. Esta relación aporta inspiración, fuerza y éxito, tanto en el campo artístico como en el de la comunicación. Sin embargo, presenta cierta dualidad en el terreno afectivo, que no predomina en esta unión. El matrimonio permitirá concretar los objetivos profesionales de ambos cónyuges, pero las vibraciones no serán tan buenas como para permitirles disfrutar de una verdadera felicidad sentimental.

9: La combinación de los caracteres 3 y 9 es muy armoniosa a todos los niveles. Ambos cónyuges se ayudarán mutuamente para superar los obstáculos y las dificultades que encuentren en el camino. Esta relación ofrece grandes posibilidades de realización personal, apertura a los demás, evolución y conocimiento del mundo. Además, atraerá un poderoso apoyo procedente del exterior. La vida familiar será dichosa y estará repleta de cambios.

11: Esta combinación favorece los ideales espirituales y humanitarios, así como el establecimiento de poderosas relaciones sociales que permiten llevar a cabo proyectos. Se trata de una relación afectiva puesta al servicio de los demás: a los cónyuges les será confiada una misión, pero recibirán los apoyos necesarios para llevarla a cabo. Será indispensable que ambos evolucionen a la vez para evitar los malentendidos y la incomprensión. Sentirán una gran necesidad de estabilidad emocional y de control de las energías. Sin embargo, reinará la armonía sentimental. Cabe señalar que la expresión artística es un proceso espiritual, consciente o inconsciente.

22: Se trata del mismo tipo de relación que la que establece la combinación de los caracteres 3 y 11, aunque será mucho más intensa en cuanto a actividad. Esta relación fomenta el talento artístico o creativo. Sin embargo, cuando más poderosas sean las vibraciones, más precario resultará el equilibrio conyugal. También será indispensable vigilar el equilibrio a todos los niveles: intelectual-espiritual, afectivo-emotivo y físico-material.

La suma teosófica del nombre y el apellido equivale a 4

Perfil caracterial

Se le puede describir como una persona valiente, eficiente y laboriosa. Es un trabajador diligente que se preocupa por cumplir su cometido. Además, posee un don innato para resolver problemas.

Le gustaría evolucionar en una estructura bien organizada. No le asusta repetir a diario las mismas acciones, pues posee un gran sentido del orden y el método. Sabe dirigir y siempre se muestra capaz y concienzudo. No tiene grandes ambiciones; eso prefiere dejarlo para las personas del temperamento 1.

Su solidez le permitirá triunfar en su carrera, que por lo general será estable, aunque es posible que no sienta la necesidad de medrar. Construirá su vida laboral sobre las sólidas bases del rigor, la rectitud, la puntualidad, la seriedad y la precisión.

Es una persona realista a la que se le puede reprochar cierta falta de originalidad y fantasía. Avanza lentamente, pero con seguridad, hacia sus objetivos materiales y familiares. Muestra una clara tendencia a priorizar el trabajo en detrimento de otros aspectos más humanos y sociales. Para usted, la rentabilidad financiera o productiva es más importante que cualquier otro valor, y no soporta el desorden, el despilfarro ni los cambios de ritmo.

Posee un temperamento activo muy equilibrado que a la larga puede enervar a otras personalidades más creativas. Posee la paciencia de un gato y su vida podría describirse como un apacible ronroneo.

Le gusta aprovechar el tiempo libre realizando actividades tales como el bricolaje. No necesita la ayuda de ningún profesional: usted es un verdadero manitas que repara, arregla y transforma a su gusto todo tipo de instalaciones, con técnica y minuciosidad. También necesita realizar algún tipo de actividad deportiva.

Vida profesional

Se siente cómodo trabajando en la Administración, así como en las distintas profesiones que se engloban en el sector de la construcción. Es posible que dependa de una gran empresa o que trabaje por su cuenta realizando algún tipo de actividad creativa. Suele respetar la jerarquía e incluso la considera indispensable para una buena organización. Podría ser inspector fiscal, controlador, comisario de cuentas, responsable de seguridad... En resumen, podría dedicarse a cualquier actividad acorde con su rigor y seriedad.

La seguridad laboral tiene un gran peso para las personas del carácter 4, por lo que muchas trabajan como funcionarios del Estado.

Aunque ascienda lentamente los escalones de la jerarquía, su ambición no es llegar a la cima. Si lo consigue, será porque dispone de números complementarios muy fuertes.

Perfil sentimental

Le cuesta expresar sus emociones, tanto en su vida sentimental como en la social. Para poder comunicarse necesita que lo alienten. La comunicación es su punto débil: posee un temperamento reservado que le impide expresar sus sentimientos, de modo que muchas veces se siente incomprendido y considera que a su vida social le falta una pizca de sal.

Para cambiar esta situación, evite refugiarse en una actitud inflexible y testaruda. No se muestre inquieto ni se considere un mártir. Debe confiar más en sí mismo y establecer una relación íntima con otra persona. Para ello, suavice su forma de acercarse a los demás. Utilice el tacto y aprenda a ser diplomático. Dé rienda suelta a su fuente de sentimientos de amor. No tema dar un paso atrás para elaborar una metodología de comunicación que le permita expresar su necesidad de impulsos afectivos, ahora reprimidos. Y no espere que sus esfuerzos se vean recompensados con muestras de amor o de afecto inmediatas: ¡hay que dejar tiempo al tiempo!

Aprenda a convertirse en un protector eficiente y reconfortante que contribuya a la estabilidad familiar. Evite ser un mueble. ¡No dude en expresar sus afectos y emociones! Este esfuerzo le permitirá acceder a la plenitud afectiva que, combinada con la estabilidad material, llevará la felicidad a su vida. ¿Verdad que el esfuerzo habrá merecido la pena?

Ídolos

Taylor y el taylorismo, Descartes y sus reglas para dirigir el espíritu, los investigadores y técnicos más relevantes de la historia, así como los grandes estrategas.

Lecturas preferidas

Las revistas técnicas y de bricolaje. Las obras que tratan sobre la conquista del espacio. Las enciclopedias y las novelas policiacas.

Películas preferidas

El día más largo, Tora, Tora, Tora, todas las películas que narran estrategias de guerra y los documentales.

Series preferidas

24 horas, The Shield: al margen de la ley, todas las series policiacas y de espionaje.

Programas de televisión preferidos

Los documentales y el tiempo.

Preferencias para vestir

La ropa todoterreno. Pantalón, camisa, jersey y americana para él; vestido, falda y blusa para ella. Siempre presenta una imagen pulcra y aseada. Viste ropa de buena calidad, bien planchada y con pliegues impecables, pero no la compra en las tiendas de los grandes diseñadores, sino en los grandes almacenes locales.

Los regalos que más le gustan

Una caja de herramientas, un par de gemelos, un telescopio, un microscopio, una lupa, un reloj, un despertador, todas las maravillas de la técnica y la precisión.

Mi consejo para su equilibrio

No voy a darle ningún consejo, puesto que posee equilibrio para dar y vender. Sin embargo, debería aprender a vivir como Robinson Crusoe, aunque sólo fuera por un día. Es más, debería organizar su propia isla y realizar todos los preparativos para su marcha. También debería llevar una vida más distendida y conceder más atención a sus relaciones sociales y familiares.

Compatibilidad de carácter con un temperamento...

1: Véase 1 con 4 (p. 39).

2: Véase 2 con 4 (p. 48).

3: Véase 3 con 4 (p. 54).

4: La unión de estas dos vibraciones idénticas será negativa. Los cónyuges, en vez de estar rodeados de cuatro paredes, lo estarán de ocho. La salida, además de lejana, será difícil de encontrar. Ambos tenderán a la inmovilidad: dejarán de idear proyectos o, en todo caso, no intentarán hacerlos realidad. Esta relación no será constructiva, sino estática, limitadora e inerte. Además, podría tener consecuencias negativas en el equilibrio psíquico y físico en general. Ambos cónyuges vivirán en un circuito cerrado sin mantener ningún contacto con el exterior y sin abrirse a los demás, de modo que cerrarán sus posibilidades de evolución. Su vida se reducirá a estas tres palabras: metro, trabajo, casa. También es posible que pierdan la capacidad de amar.

5: Se trata de una combinación poco favorable. El carácter 4 considera que el 5 es inestable, frívolo y marginal, mientras que el carácter 5 ve al 4 como un abuelito que se pasa el día en bata y zapatillas. Por lo tanto, es poco probable que surja el amor entre ambos. Uno querrá dar la vuelta al mundo, mientras que el otro preferirá quedarse sentado en su sillón. Esta combinación, además de impedir la fusión afectiva y el diálogo, frenará la evolución material y el desarrollo personal de ambos. Además, el desorden y la agitación acompañarán a esta pareja esencialmente incompatible.

6: El carácter 4 aportará equilibrio físico y material a la relación, mientras que el 6 ofrecerá armonía afectiva. Será una unión estable, duradera y muy complementaria. La combinación numérica 4/6 crea el número 46, que representa la felicidad en todas sus dimensiones. Por lo tanto, los cónyuges sólo tendrán que iniciar un proceso espiritual para poder brillar en todos los terrenos, y representarán así a la pareja ideal.

7: Se trata de una relación muy positiva, tanto a nivel profesional como intelectual. Esta combinación hará que ambos cónyuges evolucionen, se desarrollen y se sientan realizados. Sin embargo, los sentimientos más profundos y el calor humano serán los grandes ausentes en esta historia, a no ser que haya algún 6 entre sus números complementarios. Su vida afectiva será estable, muy adulta, pero carecerá de grandes demostraciones de afecto. Se convertirán rápidamente en una pareja convencional.

8: Se trata de una relación difícil y excesivamente terrenal que puede comportar desequilibrios materiales y físicos. Esta unión debería analizarse detalladamente mediante un estudio numerológico completo antes de que los cónyuges decidan comprometerse y formar una pareja. Para que el matrimonio sea feliz, será necesario que entre los números complementarios haya un 3, que aporta armonía, y un 6, que proporciona afectividad.

9: Esta combinación genera un principio de transformación que obligará a la pareja a modificar con frecuencia sus bases estructurales, su modo de vida, algo que se opone por completo a la estabilidad del carácter 4 y a la necesidad de equilibrio del 9. Por lo tanto, es muy probable que los cónyuges sufran tensiones internas importantes. Además, las aspiraciones del carácter 4 son opuestas a las del 9. Aunque esto no quiere decir que la pareja no pueda ser feliz, cabe señalar que el número o vibración 49 suele significar ruptura o divorcio. De todos modos, sería conveniente analizar detalladamente todos los datos numéricos, pues esta unión sí podría ser muy positiva para realizar acciones humanitarias.

11: Las aspiraciones del carácter 11 son excesivamente elevadas para el espíritu cartesiano del 4, de modo que hay muchas posibilidades de que, con el tiempo, ambos cónyuges caven un foso de incomprensión mutua. Los detalles materiales que tanto agradan al carácter 4 no interesan en absoluto al 11, que ensalza la vida espiritual. Sin embargo, habrá alguna posibilidad de éxito si el carácter 4 posee un 11 en su formación numérica o si su pareja consigue abrirle los ojos a verdades más nobles. A cambio, el carácter 11 se beneficiará de las cualidades de realización y concretización de su pareja, que le ayudarán a mantener los pies en el suelo mientras realiza un acto espiritual sumamente prometedor.

22: Se trata del mismo tipo de relación que la que se establece entre los caracteres 4 y 11, aunque mucho más intensa. Los cónyuges tendrán unos objetivos más ambiciosos; por ejemplo, se centrarán en el bienestar colectivo de la humanidad o de una población. Para vivir este tipo de unión, será esencial haber alcanzado cierto nivel de elevación espiritual.

La suma teosófica del nombre y el apellido equivale a 5

Perfil caracterial

De todos los caracteres, usted posee el más «movido»: siempre está en acción o dirigiéndose hacia un destino u otro. Y si no puede permitirse realizar un viaje largo, se decanta por un cambio de paisaje.

Es una persona algo inestable, pues la monotonía y la rutina no encajan con su temperamento curioso y extrovertido.

También es un gran aventurero que, por amor al riesgo, necesita evadirse y conocer nuevos horizontes, por lo que no vacila en emprender proyectos innovadores o convertirse en un trotamundos. Aunque posee un espíritu independiente, siempre se muestra sociable, y los demás aprecian su curiosidad y sus dotes de oratoria cuando narra acontecimientos que ha vivido. Y es que tiene una forma muy personal de contar historias.

Puede que algunos lo consideren un ser marginal, ya que desea vivir su propia vida y normalmente huye de las convenciones establecidas. Este inconformismo es un reflejo de su espíritu de contradicción y de su gran originalidad.

Se adapta rápidamente a las situaciones nuevas y, si su entorno habitual no se mueve con la velocidad suficiente, sabe provocar el cambio. A nivel intelectual y espiritual, posee una filosofía propia que defiende a ultranza ante los demás. Le atraen todas las novedades: desde una fresca corriente de pensamiento hasta una tendencia política novedosa o el lanzamiento del último dispositivo tecnológico. Si pudiera, reservaría ya mismo una plaza en la primera nave espacial destinada al transporte de pasajeros, aunque también sería probable que usted mismo la pilotara.

Es una persona impulsiva que sabe responder con tacto a los comentarios que le hacen, pero como no le gusta equivocarse, puede amoldar la verdad a su propia conveniencia.

Suele pecar de falta de prudencia en sus actos. Y también suele ir demasiado rápido en sus proyectos, así como al volante. Es una persona impulsiva que intenta acelerar las costumbres y las tradiciones. Se le podría comparar con un ciclón.

Es esencial que aprenda a controlar esta energía interior y dirigirla hacia acciones positivas. Debe aprender a relajarse, pues este «sobrevoltaje» puede causarle problemas de salud. Sin embargo, posee el descaro y el aplomo necesarios para evitar que le falte el aire.

Por lo general, es una persona desordenada y desorganizada que no se toma el tiempo necesario para rematar sus proyectos ni para arreglar sus asuntos.

Vida profesional

Su naturaleza le impulsa a desarrollar actividades relacionadas con el transporte: camionero, escolta, piloto, oficial de marina, especialista, piloto de automovilismo, etc. Las profesiones relacionadas con el deporte y los viajes también le atraen.

Es posible encontrarlo realizando trabajos de representación. Se siente cómodo en todas las actividades relacionadas con el comercio, pero prefiere formar parte de una sociedad bien estructurada.

La profesión de periodista es muy adecuada para usted, así como aquellas relacionadas con la tecnología punta, como la electrónica o la informática.

Como el 5 es un número mediador, también podría dedicarse a la carrera diplomática, pues posee una gran versatilidad y acepta sin problemas los cambios.

No le gusta permanecer demasiado tiempo en un mismo lugar, de modo que no dudará en cambiar las veces que haga falta de ámbito laboral o de empresa.

Siente una gran curiosidad por todo lo que le rodea, pero debe evitar dispersarse o, de lo contrario, acabará por no construir nada.

Perfil sentimental

Le gusta probar todos los placeres de la vida y muestra cierta tendencia a revolotear. Las nuevas experiencias sentimentales no le desaniman. Al ser más sexual que sensual, suele tener dificultades para encontrar el equilibrio afectivo y es posible que se asfixie construyendo y destruyendo relaciones sentimentales.

Puede ser la mejor pareja, pero también la peor. Unas veces se muestra adorable y otras, diabólico, de modo que debería aprender a controlar su carácter si desea mantener una relación duradera.

Evite recurrir a los paliativos cuando no sea feliz en el amor.

Ídolos

Los campeones de todas las categorías.

Lecturas preferidas

Las revistas y periódicos deportivos, técnicos y científicos. Cualquier novela policiaca y de misterio.

Películas preferidas

Las películas clasificadas X, *El fabuloso mundo del circo*, la ciencia ficción. No le desagradan las películas violentas.

Series y programas de televisión preferidos

Los programas de variedades, aventura, ciencia ficción o las retransmisiones de acontecimientos deportivos.

Preferencias para vestir

Un día puede ir de punta en blanco y, al día siguiente, vestir de un modo muy informal. En ocasiones descuida su aspecto. Sus gustos divergen y cambian.

Los regalos que más le gustan

Las salidas, los viajes, cualquier desplazamiento. Una invitación a una carrera o un torneo. Puede comprar de forma impulsiva algo que le gusta en un momento concreto y que al día siguiente olvidará.

Mi consejo para su equilibrio

Aprenda a controlar la bomba atómica que lleva en su interior y oblíguese a sí mismo a realizar un esfuerzo para regular su vida a todos los niveles. Intente mantener un equilibrio alimentario y cierta higiene vital. No cambie constantemente su organización en cuestiones sentimentales o laborales.

Compatibilidad de carácter con un temperamento...

1: Véase 1 con 5 (p. 40).

2: Véase 2 con 5 (p. 48).

3: Véase 3 con 5 (p. 54).

4: Véase 4 con 5 (p. 60).

5: Es el único caso en el que la duplicación del número tiene efectos positivos. Un espejo muy original encuentra otro idéntico en el que puede reflejarse y, juntos, crean una nueva imagen. Son dos manos que se unen y armonizan en un gesto de plegaria. Esta relación permitirá satisfacer las necesidades caracteriales de ambos cónyuges. Juntos podrán viajar, innovar y vivir su pasión al mismo nivel. En este tipo de relación resulta muy importante velar por la unidad, puesto que si cada uno viviera su vida por su lado y en completa libertad, la pareja se autodestruiría de inmediato.

6: El carácter 6 sufrirá la inestabilidad de su compañero. El carácter 5 es muy activo y abstracto, mientras que el 6 es más afectivo y está lleno de matices. Este tipo de relación puede tener consecuencias perjudiciales en el terreno laboral, así como incidir negativamente en la armonía conyugal. De todos modos, esta combinación puede dar lugar a una asociación agradable o un vínculo comercial positivo.

7: Este tipo de relación será muy positiva si ambos cónyuges aprenden a conocerse y no sobrepasan los límites autorizados por el otro. La curiosidad del carácter 5 y la sed de conocimiento del 7 forman un gran equipo. Ambos son seres independientes que desean progresar y evolucionar. Esta unión puede favorecer el desarrollo personal, espiritual y profesional. Como pareja, podrán hacer grandes descubrimientos y vivir muchas aventuras.

8: Este tipo de relación funcionará mejor en los planos material, físico y profesional que en el puramente afectivo. Todo dependerá de lo que busque cada uno de los miembros de la pareja y de si son capaces de realizar un esfuerzo para abrirse al otro. Esta combinación deberá analizarse con atención, pues es posible que surjan ciertas tensiones.

9: El carácter 9 aporta una nueva dimensión a su compañero 5. Esta combinación optimiza las perspectivas de desarrollo y realización personales. Juntos podrán materializar todos sus proyectos, tanto los laborales como los personales, por ambiciosos que sean. Esta relación les ofrecerá una vida trepidante, acorde con las necesidades de ambos. Viajes por todo el mundo, interés por los demás y sed de conocimiento.

11: He aquí una gran vitalidad y un dinamismo similar al que caracteriza a la combinación de los caracteres 5 y 9. Esta relación será más sencilla en el terreno laboral que en el sentimental, donde pueden aparecer fricciones, rivalidades o incomprensiones, sobre todo en las ideas fundamentales. Es conveniente realizar un estudio numérico completo para analizar esta relación en profundidad.

22: Lo mismo que la combinación con el carácter 11.

La suma teosófica del nombre y el apellido equivale a 6

Perfil caracterial

Sus vibraciones indican que es una persona que siempre está dispuesta a asumir responsabilidades. Posee un gran sentido del servicio y siente un gran respeto por la familia. Tiende a centrar sus emociones alrededor de los valores primordiales que representa la célula familiar.

Intenta prevenir el dolor y se muestra compasivo, pues le gusta sentirse cómodo y vivir una vida armoniosa.

Es una persona bastante reservada que puede mostrarse suspicaz y recelosa ante las nuevas relaciones. Primero juzga a las personas y después entabla amistad con ellas. Esta actitud puede deberse a su timidez. Hipersensible y extremadamente emotivo, teme que las caras nuevas incidan negativamente en su equilibrio y le arrebaten su jardín de los sueños. Siempre se mantiene a la defensiva y antes de comprometerse espera a que le ofrezcan muestras de honestidad, cariño y amor. Necesita sentir el afecto de los demás.

Las personas del carácter 6 se esfuerzan por vivir según las convenciones establecidas, pero no dudan en realizar ciertas excepciones o adaptarlas a sus necesidades inmediatas. Cuando su equilibrio emocional se ve amenazado, pueden volverse totalmente ilógicas e intentar justificar su actitud por todos los medios, por absurda que resulte.

También saben ponerse en el lugar de los demás. Su empatía les permite prever las reacciones ajenas e incluso manipular de forma inconsciente a su interlocutor, pues perciben de inmediato sus debilidades.

Usted es una persona idealista que puede volverse demasiado receptiva a las emociones negativas de su entorno. Esto le conduce al desánimo, la melancolía y la laxitud. Por lo tanto, es importante que aprenda a desdramatizar este tipo de situaciones y que no se venga abajo si no le dicen siempre la verdad (usted sabe cuándo le están mintiendo).

Es capaz de realizar sacrificios, pero para ello necesita grandes muestras de afecto. Si no se siente querido y apreciado en su justa medida, se resistirá y dará rienda suelta a la angustia que siente. Exige muchas atenciones y demostraciones de afecto. Desea ser reconocido y apreciado. Las personas del carácter 6 necesitan que las aconsejen para estabilizarse emocionalmente y también que las orienten hacia ideales que puedan materializar.

Su gran generosidad puede tener efectos negativos sobre su persona: al estar siempre disponible para ayudar a los demás, es posible que sus amigos empiecen a depender de usted y que le vayan dejando poco a poco sin energías.

Las personas del carácter 6 viven y piensan con el corazón. Son capaces de rebelarse contra las situaciones injustas y defienden la igualdad y la fraternidad.

El sentimiento de amistad es primordial para usted. Percibe la influencia de los demás y no es insensible a los cumplidos. Por lo general, cualquier comentario hiriente le impulsará a modificar su comportamiento tras un periodo de incertidumbre y dudas.

Es una persona estable y brillante. Sus deseos de complacer a los demás facilitan la convivencia. Le gusta crear un ambiente confortable y cálido a su alrededor.

Le atraen el lujo y los objetos artísticos. Ama las cosas bellas y de calidad. Es todo un sibarita que ama la buena cocina. Sabe disfrutar de los placeres de la vida y apreciar cada instante.

Además, posee un gran talento para triunfar en la vida: el de la observación. Le gusta descomponer y analizar sus movimientos. Las técnicas plásticas y gestuales le apasionan. Su sensualidad se filtra por todas partes, pero carece de una rapidez y una eficiencia inmediatas.

Es una persona comprensiva, conciliadora y tolerante. Con usted nunca hay grandes discusiones, pues todo se explica y todo se olvida. Su talante conciliador le convierte en un excelente mediador en todo tipo de conflictos.

Vida profesional

La fuerte necesidad de apasionarse por algo antes de actuar hace que los demás lo tomen por un perezoso al que le cuesta esforzarse. Sin embargo, en cuanto algo despierta su interés y encuentra su camino, se pone manos a la obra con determinación. De todos modos, suele necesitar un empujón para pasar a la acción.

Acostumbra a dedicarse a aquellas actividades que implican servicio a los demás, aunque también es posible que se decante por las profesiones de carácter artístico. Su talento estético favorece aquellas actividades que se centran en la belleza y el cuidado del cuerpo. También se sentiría cómodo como vendedor de productos de lujo (bisutería, moda) o como arquitecto, paisajista o decorador.

Su sensibilidad y su atracción por las ciencias humanas lo convierten en un gran psicólogo, consejero o formador.

Se le puede encontrar en lo más alto de las listas de ventas, en los círculos de bellas artes o como director de una agencia matrimonial, un taller, un centro de asistencia o una asesoría.

Perfil sentimental

Es una persona muy tierna, atenta y afectuosa. Es considerada y protectora. Además, posee un encanto, una sensibilidad y una afectividad desbordantes.

Sin duda, ya desde muy temprano se habrá formado una imagen de su pareja ideal, a la que habrá convertido en una princesa o un príncipe azul que buscará por montes y valles. Tendrá que ser muy paciente para encontrar tanta perfección, pero usted es una persona que sabe esperar. Buscará una pareja dotada de hermosura y encanto, pero como es consciente de que la belleza no sólo se encuentra en las formas, es muy posible que lo que realmente busque sea el esplendor del alma.

Si se siente herido en su amor o en su afecto será capaz de todo: además de mostrarse autoritario y celoso, adoptará una actitud excesivamente pasional y posesiva, de modo que a su pareja no le quedará más remedio que comportarse como usted desea.

Le encanta hacer regalos y tiene un gusto exquisito.

El amor es el eje de nuestras vidas y usted desea vivirlo en toda su plenitud. Su personalidad y su éxito profesional se erigen sobre sus sentimientos y su estabilidad. Si se siente feliz en su hogar, iniciará una carrera ascendente que sólo se detendrá en caso de que su matrimonio fracase. Por lo tanto, necesita triunfar en la vida sentimental. En caso contrario, sufrirá graves pérdidas a todos los niveles y tardará mucho tiempo en restablecer su equilibrio interior.

Ama a los niños y es un buen progenitor.

Ídolos

Los cantantes seductores, los grandes artistas de todos los ámbitos (música, danza, escultura, arquitectura...). En pintura se decanta por los artistas románticos e impresionistas. La danza clásica le fascina.

Lecturas preferidas

Las novelas rosas, los libros de arte.

Películas preferidas

Todas aquellas que cuentan una historia bonita.

Series y programas de televisión preferidos

Los magacines, *La ruleta de la fortuna*, los reportajes femeninos, *Belleza y poder*.

Preferencias para vestir

Tiene muy buen gusto a la hora de elegir su ropa. Le encanta el refinamiento y cuida los detalles. Se cubre de joyas, pues le encanta brillar en sociedad.

Los regalos que más le gustan

Le gustan todos los regalos porque le encanta que la gente le demuestre su afecto. No le importaría que le cubrieran de regalos.

Aficiones

Dedica una gran cantidad de tiempo a acicalarse. Le encanta ir de tiendas y frecuenta los institutos de belleza y los centros de cuidado corporal. Es miembro de un club de *fitness*, yoga o cualquier otra disciplina física, pero no porque le guste el esfuerzo que conllevan, sino porque desea mantenerse en forma.

Mi consejo para su equilibrio

Sea razonable en el terreno sentimental y no sueñe con un amor platónico. Es más, aprenda a vivir su relación como la persona apasionada que es. La fuerza de este amor le permitirá escalar montañas y sortear todos los obstáculos.

Compatibilidad de carácter con un temperamento...

1: Véase 1 con 6 (p. 40).

2: Véase 2 con 6 (p. 49).

3: Véase 3 con 6 (p. 55).

4: Véase 4 con 6 (p. 61).

5: Véase 5 con 6 (p. 66).

6: La doble presencia del carácter 6 puede causar problemas porque la emotividad se multiplicará por dos. Como a las personas del carácter 6 les cuesta controlar sus emociones, esta unión de números idénticos provocará una sobrecarga emocional que tendrá consecuencias negativas en los terrenos afectivo, material e intelectual.

Ambos cónyuges vivirán su vida sentimental fuera de cualquier contexto lógico y material de la vida cotidiana y, a la larga, su relación se verá abocada al fracaso. Además, esta unión puede causar problemas en el trabajo y con la familia.

Esta unión será fructuosa en cuanto a amistades en el campo profesional y en aquellas actividades relacionadas con el arte (arquitectura, pintura, escultura).

7: El carácter 7 aportará equilibrio a su pareja en el terreno intelectual, pero, como no es muy dado a las muestras de afecto, es muy posible que el 6 sufra en esta relación. Este tipo de unión deberá estudiarse en profundidad, mediante un análisis numérico completo, para evaluar correctamente el grado de compatibilidad. Cabe señalar que ambos temperamentos son perfeccionistas, uno a nivel intelectual y espiritual (el carácter 7) y otro, afectivo (el carácter 6). Si el análisis detallado de ambos indica que no existen otros elementos complementarios que aporten armonía, será difícil que se alcance un compromiso. La unión del amor y la intelectualidad podría dar paso a un desarrollo espiritual importante.

8: Se trata de una unión constructiva desde el punto de vista material, aunque en ocasiones podrá tratarse de un matrimonio basado en la razón... financiera. El carácter 8 mantendrá los pies de su pareja en el suelo y, juntos, podrán construir una unión sólida y perfectamente complementaria. Pero no hay que olvidar que el carácter 8 es más materialista y arribista que el 6, que, sin embargo, también puede sentirse atraído por el aspecto material de las cosas, debido a su amor por las apariencias. Esto puede provocar ciertas tensiones sentimentales, pero no cabe duda de que la pareja sobrevivirá. El carácter 6 compartirá con su cónyuge su sensibilidad por el mundo y la humanidad, así que es posible que este aprenda a gestionar sus negocios de un modo más humano.

9: Esta unión estará marcada por la inestabilidad emocional, ya que ambos caracteres requerirán muestras de amor y afecto constantes. Será preferible que los cónyuges no vivan separados ni se dediquen a ninguna actividad que les obligue a separarse con frecuencia. ¡Atención! El carácter 9 siempre estará dispuesto a ponerlo todo en duda, incluso su unión: es un ciclotímico que evoluciona según su inspiración e intuición.

En el terreno de las amistades, esta relación será fructuosa, en el sentido de que favorecerá el desarrollo de ideales elevados, tanto desde el punto de vista profesional como espiritual. También puede generar interés por las acciones humanitarias.

11: Esta unión elevará a ambos cónyuges. Será una relación aún más poderosa que la de los caracteres 6 y 9. Sin embargo, será esencial que ambos aprendan a controlar sus emociones y que aporten un equilibrio a su evolución profesional y familiar. Esta unión puede dar paso a proyectos sociales de gran envergadura, sobre todo de carácter humanitario o espiritual.

El 11 posee una personalidad muy fuerte (por lo general, es consciente de su misión), mientras que el 6 necesita grandes dosis de afecto y sensualidad. Por lo tanto, será necesario gestionar ambas pasiones para conseguir el equilibrio conyugal.

En el caso de que el carácter 11 sea una mujer y el 6, un hombre, esta unión podría provocar ciertos problemas de identificación personal, puesto que los roles masculino/femenino podrían invertirse.

22: Cuando surge el amor entre un carácter 6 y un 22, ambos acceden a un estadio espiritual muy elevado como hombre y mujer. Serán conscientes de su misión en la Tierra. El carácter 22 ayudará a su pareja a perfeccionar su iniciación y, juntos, podrán construir grandes obras de utilidad pública. También concentrarán su fuerza en el amor (fusión intelectual, afectiva y física). Sin embargo, tendrán que aprender a controlar su intuición y su emotividad, que serán el motor de su guerra... pacífica y evolutiva.

La suma teosófica del nombre y el apellido equivale a 7

Perfil caracterial

Se le podría definir como una persona solitaria, intelectual, escéptica y reservada. También es muy independiente y posee un enfoque científico y místico de la vida, las cosas y las personas. Por lo general, posee una inteligencia superior a la media que le facilita en gran medida los estudios y la vida profesional. Sus facultades intelectuales tienen un origen analítico, deductivo e intuitivo. Su espíritu crítico se mantiene alerta y, como siempre está dispuesto a juzgar a los demás, incluso en voz alta, suele ganarse la ira de su interlocutor. Debería cuestionarse a sí mismo en alguna ocasión con el objetivo de hacer evolucionar su personalidad, que posee un gran potencial.

Lleva sus actos y sus ideas hasta el final, utilizando siempre la lógica. Su sed de conocimientos hace que los demás lo tomen por una enciclopedia parlante. Sólo actúa después de una intensa reflexión y todo lo que hace está minuciosamente calculado, analizado y diseccionado. Únicamente se compromete cuando tiene claros los fundamentos y las consecuencias de sus ideas, sus palabras y sus actos.

Es una persona conformista que da prioridad a la inteligencia y la espiritualidad, y que relega a un lugar secundario los planos afectivo y material.

Siente un gran interés por la investigación, los estudios, la meditación y la introspección. Además, comprende el principio de la evolución. Desea conocer la verdad de la vida. Con frecuencia se crea su propia filosofía o se adhiere a movimientos que se corresponden con sus aspiraciones y su espíritu cartesiano. A las personas que poseen el carácter 7 se les da bien racionalizar lo irracional y, por lo tanto, contribuyen al progreso y la evolución de todas las ciencias, tanto las físicas como las metafísicas.

A usted le gusta comprender el porqué de las cosas. Sabe canalizar su imaginación y posee una intuición que le permite obtener buenos resultados, una adecuada síntesis de la vida.

Su actitud es sin duda original, puesto que no soporta seguir la corriente.

Para desarrollar de forma positiva su personalidad debería aprender a controlarse e intentar acercarse más a los demás. Es posible que deba librar una lucha interior, pero sin duda será capaz de alcanzar la sabiduría con mayúsculas.

Necesita calma y reposo para recuperar fuerzas. Aprovecha los momentos de soledad para hacer introspección. Para vivir su vida no le resulta imprescindible estar rodeado de gente.

Vida profesional

Es probable que se decante por actividades relacionadas con la tecnología y la informática, así como por la investigación médica, la paramédica y la científica.

Sería un gran ingeniero y un excelente profesor, pues sus dotes intelectuales le confieren grandes aptitudes pedagógicas y le encanta transmitir sus conocimientos.

El número 7 también puede incidir en el plano religioso y hacer que se decante por profesiones relacionadas con el clero: sacerdote, obispo, cardenal, monja.

Perfil sentimental

Tiende a intelectualizar el amor: lo sublima y lo trasciende. El plano sentimental no forma parte de sus prioridades.

Si contrae matrimonio (cabe señalar que usted posee el perfil de célibe convencido), el entendimiento conyugal se basará en la armonía espiritual e intelectual.

Nadie debe esperar de usted grandes muestras de afecto y ternura. Sabe controlar sus sentimientos, pero no expresarlos.

Suele concentrar sus relaciones sociales en aquellas personas que comparten sus mismas opiniones, filosofía o intelecto.

Es un gran educador, pero prefiere ocuparse de la educación de los hijos de otras personas.

Si tiene hijos, es muy posible que considere que estos desestabilizan su remanso de paz.

Ídolos

Los grandes sabios que han contribuido al progreso del conocimiento humano. Los grandes filósofos.

Lecturas preferidas

Las revistas científicas y las obras metafísicas.

Películas preferidas

Por lo general, prefiere la lectura a la televisión o al cine. Sin embargo, siempre está dispuesto a ver una buena película.

Programas de televisión preferidos

Los documentales científicos.

Preferencias para vestir

Suele optar por prendas clásicas y elegantes.

Los regalos que más le gustan

Obras del último premio Nobel de literatura, cualquier libro bueno. Una maravilla de la tecnología. Una casa en el campo.

Mi consejo para su equilibrio

No viva encerrado en sí mismo. Recuerde que evolucionará con más rapidez si confronta sus ideas con las de los demás. No fuerce su psique. Concédase momentos de relax. Aprenda a disfrutar de los placeres de la vida y a expresar sus sentimientos.

Compatibilidad de carácter con un temperamento…

1: Véase 1 con 7 (p. 40).

2: Véase 2 con 7 (p. 49).

3: Véase 3 con 7 (p. 55).

4: Véase 4 con 7 (p. 61).

5: Véase 5 con 7 (p. 66).

6: Véase 6 con 7 (p. 73).

7: Se trata de una relación sentimental difícil. La unión de dos caracteres 7 generará un clima de violencia y desencuentros. Sin embargo, el entendimiento será posible si cada uno vive en su propia casa y no se dedica a invadir el espacio del otro.

Esta combinación numérica será positiva en el terreno intelectual.

Por lo general, este tipo de relación no generará afecto y, por lo tanto, será poco probable que pueda acabar en matrimonio: dos caracteres de alma célibe no pueden unirse.

8: Esta relación será destructiva. La fuerte oposición de ambos caracteres puede dar paso a todo tipo de catástrofes, tanto en lo relativo a la salud de los cónyuges como en los planos laboral y material. Esta combinación no generará sentimientos de amor profundo ni de afecto. En caso de matrimonio, no será duradero. Además, es posible que ambos cónyuges se desvíen hacia los excesos negativos correspondientes a sus números. La vibración 7/8 simboliza una ruptura de ritmo, de impulso y de progresión.

9: Esta combinación favorece las relaciones con los demás, que, por lo general, serán más de tipo amistoso e intelectual que sentimental. También amplifica los actos y hace que brillen con más intensidad. La vibración 7/9 puede dar paso a un desarrollo espiritual, al deseo de ayudar a los demás y superarse. ¡Sin embargo, deberán tener cuidado con los límites mentales y físicos!

11: La combinación de los caracteres 7 y 11 propiciará que se establezca una excelente relación profesional o de amistad. Sin embargo, será necesario que ambos estén dispuestos a abrirse a un plano divino superior. No existe ninguna posibilidad de armonía sentimental, puesto que esta relación no podría desarrollarse en el plano material.

22: Esta combinación presenta el mismo problema que la 7/11. El carácter 7 y el 22 pueden entenderse y construir una gran obra humanitaria que garantice el bienestar colectivo a nivel mundial. Sin embargo, las vibraciones puramente sentimentales serán inexistentes. La única duda es la siguiente: ¿serán capaces de materializar sus objetivos por sí solos?

La suma teosófica del nombre y el apellido equivale a 8

Perfil caracterial

El 8 es el símbolo del equilibrio.

Usted posee una personalidad fuerte, voluntariosa y activa. Consigue el respeto de los demás gracias a la fuerza de sus actos y a la clarividencia de su espíritu, es decir, gracias al juicio claro y exacto que hace de las cosas y las personas.

Le mueve la voluntad de triunfar. Aunque es una persona materialista, sabe utilizar el tacto y siempre consigue ablandar a los demás con una sonrisa.

Confía en sus posibilidades y posee grandes dotes de organización y de gestión. Su espíritu es conservador, pero le gustan aquellas innovaciones que le permiten rentabilizar su tiempo y, por lo tanto, su dinero.

Su éxito en la vida dependerá del equilibrio, de modo que este será proporcional a la armonía interior que consiga.

Las personas del carácter 8 son íntegras. Debido a su autoridad natural, se encargan de tomar decisiones y dirigir el rumbo de sus actividades, que, gracias a su talento, serán prósperas.

Usted necesita un objetivo para avanzar, así como cierto nivel de competitividad. Si la imagen que tiene de sí mismo o la que proyecta sobre los demás no es positiva, sufrirá enormemente y se encerrará en su interior. No tolera la mezquindad, la dejadez ni la mediocridad. La injusticia le hace explotar.

Su espíritu lógico y su rapidez de análisis le permiten actuar de inmediato para ocupar posiciones, cerrar el paso al adversario y seguir siendo el maestro de ceremonias, pero a veces ignora los problemas psicológicos y humanos que pueden derivar de todo ello. Si tiene que atacar y luchar para conservar su posición material, lo hace. Tiene talento para la negociación, pero siempre intenta ganar. Se muestra contundente en sus diálogos, no suele hacer concesiones y nunca pierde de vista su objetivo.

Le cuesta confiar en los demás, pues recela de las intenciones de todo el mundo. Sus relaciones socioprofesionales también son bastante problemáticas.

Le cuesta comprender a los demás, y esto hace que la convivencia resulte difícil. Tampoco es sencillo acercarse a usted. No desea perder su autoridad y tampoco soporta las burlas. Sin embargo, tras este muro se oculta un corazón justo y espiritual, relacionado con un plano divino que debería desarrollar.

Es una persona bastante frágil desde el punto de vista físico, así que debería prestar atención a su salud.

Sabe gestionar su dinero y realizar buenas inversiones.

Vida profesional

Suele decantarse por las profesiones del sector industrial, aunque también le atraen la cirugía y la medicina.

Las carreras jurídicas (juez, abogado, asesor jurídico) también son favorables, así como las actividades relacionadas con el sector bancario.

Es posible que le interese la historia, la genealogía y las grandes civilizaciones.

Si su temperamento le impide hacerse un hueco como trabajador por cuenta ajena, se decantará por las profesiones liberales, como asesor financiero, consejero de *marketing* y de comunicaciones empresariales, consultor de crédito, asesor de gestión de patrimonios, etcétera.

Perfil sentimental

Le cuesta expresar sus sentimientos, pues le da miedo que los demás lo consideren una debilidad. También sabe erigir barreras para separar los negocios de los sentimientos, pero teme que los demás le consideren frío, huraño e incluso despiadado en ciertas circunstancias.

Por lo general, buscará una pareja que tenga unas ambiciones similares a las suyas y que esté tan dispuesta como usted a luchar para triunfar. Necesita admirar y ser admirado.

Es una persona leal, tanto en los negocios como en los sentimientos. Es capaz de acceder a contraer un matrimonio de conveniencia si le ofrecen ciertas garantías. Pocas veces hablará realmente de amor. Si se enamora, será porque la otra persona reunirá en su ser todo el encanto, rectitud, empuje, dinamismo y espíritu combativo que usted busca: un compendio de bondades que requerirá grandes dosis de fuerza interior para que pueda desarrollarse con todo su potencial.

No suele perder el tiempo con técnicas de acercamiento. ¡Cuando se lo propone, sabe cómo conseguir lo que quiere!

Ídolos

Los presidentes y directores generales de las grandes empresas. Los líderes de los partidos políticos. Los grandes personajes de nuestro mundo.

Lecturas preferidas

Las revistas y publicaciones de empresa, economía y bolsa, así como otros magacines de carácter profesional, financiero y fiduciario. Las memorias de hombres y mujeres que han hecho historia.

Películas y series de televisión preferidas

Aquellas que relatan la lucha de un hombre o una mujer para acceder a lo más alto de un imperio financiero.

Preferencias para vestir

Para su vida profesional, elige prendas de categoría. En su vida privada, se decanta por la ropa de «terrateniente».

Los regalos que más le gustan

Todos aquellos objetos que puedan realzar su prestigio o su patrimonio financiero (un coche, una obra maestra, joyas, esculturas, etc.). Invitaciones para asistir a cenas de gala.

Mi consejo para su equilibrio

Debería reflexionar sobre la frase: «El dinero no da la felicidad, pero ayuda». ¿De verdad cree que el amor y la salud se pueden comprar con dinero?

En su búsqueda justificada de la gloria y los honores debería mantener un corazón tierno y humilde. Utilice sus capacidades profesionales para sembrar la serenidad material a su alrededor, pues cualquier búsqueda espiritual le resultará más sencilla una vez haya resuelto los problemas materiales.

Compatibilidad de carácter con un temperamento…

1: Véase 1 con 8 (p. 41).

2: Véase 2 con 8 (p. 49).

3: Véase 3 con 8 (p. 55).

4: Véase 4 con 8 (p. 61).

5: Véase 5 con 8 (p. 67).

6: Véase 6 con 8 (p. 73).

7: Véase 7 con 8 (p. 78).

8: Si desea una unión basada en los retos, lo mejor que puede hacer es competir con otro carácter 8. No espere el reposo del guerrero, puesto que siempre se verá obligado a superarse y a competir. En esta relación, los negocios primarán sobre los sentimientos de manera destacada. Asegúrese de no rebasar ciertos límites, pues podría acabar agobiando a su pareja.

9: La búsqueda de la gloria y el poder del carácter 8 no suelen coincidir con las aspiraciones idílicas del 9, sobre todo porque ni siquiera hablan la misma lengua. El nivel de evolución de esta relación dependerá del conjunto de datos numéricos de ambos, que deberán analizarse en profundidad. El carácter 9 ayudará a su pareja a superar los aspectos puramente materiales, mientras que el pragmatismo tan característico del 8 aportará soluciones concretas a los problemas del 9.

11: El carácter 8 se caracteriza por su rapidez de análisis y su enfoque sensato de los problemas de la vida. Su capacidad para organizar, planificar y negociar puede contribuir de forma favorable a la materialización de los ideales del carácter 11, lo que ayudaría a constituir una pareja recomendable.

22: ¿Está seguro de que quiere poner sus múltiples talentos al servicio del carácter 22? Esta relación será muy intensa, pero sólo triunfará si germina en su interior la necesidad de expresarse y realizar una búsqueda espiritual.

La suma teosófica del nombre y el apellido equivale a 9

Perfil caracterial

El 9 es el número del sacrificio, la generosidad, la tolerancia, el idealismo y el altruismo.

Usted es una persona soñadora y optimista que desea enviar al mundo un mensaje de esperanza y de evolución humanista.

Posee un mundo interior muy rico en ideas e ideales. Por lo general, le resulta difícil ceñirse a la realidad material cotidiana de la vida, porque sus pensamientos son mucho más elevados.

Sólo se siente cómodo en los negocios si puede darles un toque humanista. Le atraen las ciencias humanas y las grandes causas. Posee un temperamento artístico, poético y místico.

Es consciente del lugar que ocupa en el universo y presiente las fuerzas cósmicas que dirigen nuestros pasos. Aunque sabe exactamente cuál es su valor, se muestra humilde y acepta de buena gana los consejos de las personas prudentes. Es impresionable y muy generoso, de modo que los demás suelen abusar de su tiempo y de su bondad.

Debe aprender a dominar sus grandes pasiones y deseos, puesto que su temperamento le impulsa a ser sumamente extremista. Con usted es todo o nada. Cuando es todo, se deja llevar por el entusiasmo, pero cuando es nada, es incapaz de quitárselo de la cabeza e incluso llega a ser rencoroso.

Controle sus emociones para mantener el equilibrio. Su humor coincide con su emotividad, de modo que fluctuará en gran medida mientras no consiga encontrar un equilibrio interior. Tras un periodo de júbilo y alegría pasará sin más preámbulo a la apatía y la falta de iniciativa. El refrán «Después de la tormenta, llega la calma» le describe a la perfección. Debería aprender a desdramatizar las cosas y vivir en equilibrio sobre sus cuatro planos (intelectual, espiritual, afectivo-emotivo y físico-material), es decir, a asegurarse de que haya armonía entre todos los planos, sin favorecer uno en detrimento de los demás.

Tampoco debe ignorar ninguna realidad de la vida, pues eso también le desestabilizaría, le haría más frágil y le haría enfermar. Aprenda a reconocer el momento en que sus pensamientos y actos se vuelven negativos, esto es, cuando se pone demasiado serio y desarrolla escenarios catastróficos que paralizan sus proyectos, o cuando se asusta al descubrir que no sabe cómo salir de la situación en la que se encuentra... o en la que se ha metido usted solo.

Las personas del carácter 9 adoran los viajes, pues fomentan su inspiración, su reflexión y su visión de las cosas.

En cuanto a las relaciones, le atraen las personas que tienen la mente abierta y prefiere las uniones profundas a aquellas historias superficiales que le aportan más bien poco.

Posee un brillo personal innegable y quienes le rodean lo aprecian por su desenvoltura verbal y sus impulsos.

No le gustan los límites físicos ni mentales y desea ir siempre más allá de las posibilidades de acción y pensamiento establecidas. Ávido de conocimientos intelectuales, espirituales y humanos, su destino promete ser brillante si sabe dirigirlo hacia los demás. Es una persona leal que respeta los compromisos personales que asume. Le recomiendo que utilice su sensibilidad para seleccionar las peticiones que le hagan, pues, aunque siempre está dispuesto a aconsejar a los demás y a echarles una mano, estos podrían agotar con rapidez sus reservas de energía y entusiasmo.

Evite dispersarse, no intente abarcar demasiado y no emprenda proyectos inmediatos demasiado ambiciosos. Siga su camino evolutivo sin desestabilizarse. Esto le permitirá llegar más lejos, porque no habrá sentimientos de angustia, impotencia ni ansiedad que se interpongan en su camino hacia el éxito.

Necesita mucho espacio para sentirse realizado, pero también rodearse de personas que posean un carácter complementario al suyo para poder materializar sus objetivos humanos y humanitarios.

Debe aprender a aceptar su emotividad y sensibilidad.

Vida profesional

Se decanta por aquellas actividades relacionadas con la asesoría y las ciencias humanas: psicólogo, parapsicólogo, orientador laboral, consejero para el desarrollo personal y profesional.

También tiene interés por aquellas profesiones que requieren una formación continuada o que protegen la infancia y los derechos humanos.

Se siente cómodo en el sector sanitario (enfermero, médico, camillero, personal de ambulancia) y también podría tomar parte activa en una asociación humanitaria.

Podría ser juez de tutela o de menores, o decantarse por una profesión del sector turístico (guía, intérprete, azafato...).

Le repelen aquellas actividades que están directamente relacionadas con los temas financieros y materiales.

Perfil sentimental

Es una persona que busca profundidad en sus emociones y sentimientos. Basa su vida afectiva en su intuición y percepción de los demás.

Debe evitar que su fuerte demanda afectiva le juegue malas pasadas. Aprenda a controlar su gran emotividad y no exija ni espere más de lo que puede recibir de su pareja. Sería conveniente que dedicara largo tiempo a conocerla antes de comprometerse, pues existen ciertos peligros al inicio.

Su tendencia ciclotímica incide negativamente en su equilibrio relacional, pero posee todas las armas necesarias para triunfar. Será un aprendizaje largo, pero enriquecedor.

Necesita dar y recibir amor, y no espera encontrar a su alma gemela de un día para otro. Para usted, el amor es un templo que se construye día a día.

Su naturaleza sensible y generosa le ayudará a encontrar, cuando esté listo, al cónyuge que le corresponde y con el que podrá construir una relación sólida..., siempre y cuando no decida dedicar su vida al amor universal.

Ídolos

La madre Teresa de Calcuta, Vicente Ferrer, todas aquellas personas que participan activa o pasivamente en labores humanitarias. Los maestros espirituales, los grandes escritores y los filósofos.

Lecturas preferidas

Las revistas que le permiten mejorar sus condiciones de vida a nivel intelectual-espiritual, afectivo-emotivo y físico-material. Le gusta suscribirse a publicaciones de todo tipo y tiene una biblioteca bien surtida.

Películas y series de televisión preferidas

Los grandes reportajes y documentales, pues le interesa todo lo que ocurre en el mundo y en el espacio. También le emocionan las historias bonitas.

Preferencias para vestir

Pasa de la ropa deportiva a la alta costura, en función de su estado de ánimo.

Los regalos que más le gustan

Es complicado hacerle un buen regalo, pues su humor es tan cambiante que incluso el mejor detalle podría dejar de gustarle de un día para otro.

Mi consejo para su equilibrio

Su felicidad depende de las relaciones y los encuentros que el destino elija para usted. Debe aprender a discernir qué es lo que más le conviene en cada momento. No permita que el miedo, el reto, el mal humor o la apatía del momento le hagan perder ninguna oportunidad.

Compatibilidad de carácter con un temperamento...

Véase 9 con los números del 1 al 8.

9: Desde el punto de vista afectivo, esta relación será bastante complicada, puesto que ambos tendrán los mismos conflictos interiores y, al tratarse del doble reflejo de un mismo problema, no serán capaces de darse apoyo ni de complementarse. Sin embargo, la relación saldrá a flote si logran alcanzar, ya sea juntos o por separado, un nivel de evolución espiritual o intelectual elevado. En este caso, será necesario que dialoguen y se planteen de forma concreta los medios que les permitirán alcanzar la estabilidad emocional que necesitan, tanto a nivel individual como de pareja. Esta combinación numérica les permitirá iniciar un enriquecedor camino evolutivo intelectual y espiritual, pero los cónyuges tendrán que hablar largo y tendido para poder determinar con total exactitud cuáles son sus posibilidades y sus necesidades.

11: Cabe esperar que ambos cónyuges posean números complementarios que les ayuden a mantener los pies en el suelo (1, 4 y 8); de lo contrario es muy posible que echen a volar. Tendrán que aprender a conocer los límites que pueden alcanzar de forma objetiva, así como a controlar sus emociones y su nerviosismo. Deberán tener mucho cuidado para no desestabilizar un equilibrio que con frecuencia será precario.

22: Esta relación es similar a la que forman los caracteres 9 y 11, pero requerirá un esfuerzo suplementario de equilibrio y control. Es muy posible que ambos cónyuges decidan combinar sus fuerzas por el bien de la colectividad.

La suma teosófica del nombre y el apellido equivale a 11 o 22

Perfil caracterial

Posee el temperamento del fuego. En usted se combinan la fuerza, el poder y una gran capacidad de trabajo.

Sólo podrá convivir a gusto con un carácter 2 elevado al arcano 11 si dispone de otros números maestros (11 y 22) en su análisis global. Se trata de un carácter muy complejo, debido a los elevados ideales que engendra. La búsqueda espiritual será intensa y le conducirá a grandes revelaciones metafísicas y divinas, que deberá aprender a gestionar.

Tendrá que controlar continuamente las tensiones psíquicas y emocionales para alcanzar serenidad y un conocimiento superiores. Este es el camino de la clarividencia y los dones divinos. Representa el canal por el que la luz de la esfera divina se extiende por la tierra. Hace un llamamiento a todos quienes la sienten para que transmitan, enseñen y difundan esta luz blanca y divina, junto con los elementos agua, tierra, fuego y aire.

Las personas del carácter 11 poseen una visión holística, global y humana de los fenómenos, los acontecimientos, las personas y las creaciones. Son los grandes creadores de las nuevas corrientes.

En el momento actual, se les podría comparar con los constructores del siglo XXI. Su gran energía, junto con su inteligencia e inspiración, les permite realizar grandes logros humanitarios en aquellos campos para los que están predestinados.

Usted posee un carácter extremista en el que lo positivo se combina fácilmente con lo negativo. Es indispensable que se muestre humilde, paciente y perseverante. Le aguarda un futuro brillante, pero el camino está repleto de obstáculos que deberá sortear y lecciones de vida que deberá aprender para conseguir la pureza. Sus principales defectos son el orgullo y la impaciencia. No debe confundir los sueños con la realidad.

Es una persona íntegra que considera que le ha sido asignada una misión que debe completar contra viento y marea. Preste atención a su impulsividad y su espíritu rebelde. Recuerde que para cambiar el mundo es necesario avanzar lentamente, pero con aplomo. También necesita disponer de grandes dotes psicológicas que le permitan enfrentarse a los problemas y a las personas. Además, resulta imprescindible que sienta un profundo amor por los demás.

Es preciso que aprenda a discernir entre el bien y el mal, así como a evitar las tentaciones. Sólo entonces sus pasos le conducirán hacia su propio sol y conseguirá brillar.

Vida profesional

Le atraen todas las profesiones del ámbito público o privado con las que se puede proporcionar cualquier tipo de ayuda.

Las personas de los caracteres 11 y 22 pueden encontrarse en la base de una asociación humanitaria o al frente de un grupo o un instituto de ciencias humanas. Son excelentes docentes que difunden el arte de vivir en armonía con el espíritu, el corazón y el cuerpo.

También pueden ser excelentes animadores de grupos o decantarse por la investigación.

Muchos astrólogos, numerólogos e incluso psicólogos poseen los caracteres 11 o 22.

Perfil sentimental

Las personas del carácter 11 suelen tener problemas afectivos porque su búsqueda espiritual no facilita las relaciones duraderas. Acostumbran a evolucionar con más rapidez que sus parejas y se cuestionan demasiadas cosas. Además, sus ideales suelen ser incompatibles con una vida familiar estable. Por lo tanto, será importante que aprendan a estabilizarse sentimentalmente y que intenten echar raíces sin buscar el complemento perfecto. También deberán aprender a aceptar los defectos o debilidades de sus parejas.

Es preferible que comparta su vida con una persona que tenga los pies en el suelo y que sea más materialista que usted, pues le ayudará a hacer realidad sus proyectos laborales más ambiciosos. Sin duda, el destino sabrá guiarle.

Ídolos

Los mismos que los del carácter 9, pero a un nivel más elevado.

Compatibilidad de carácter con un temperamento...

Véase 11 con los números del 1 al 9, explicados anteriormente.

11: Se trata de una relación muy intensa que puede acabar desestabilizando a ambos cónyuges, pues, al estar juntos, sus vibraciones espirituales e intelectuales serán tan poderosas que podrían acabar perdiendo el rumbo. Este tipo de relación será más fructuosa si tiene lugar de forma episódica o si simplemente se basa en la amistad, pues esto les permitirá recuperar fuerzas y reestructurarse antes de evolucionar.

22: Debido al grado de maestría obtenido, el carácter 22 permitirá que el 11 progrese en función de sus posibilidades y a su propio ritmo. Juntos podrán realizar grandes obras y ponerse al servicio de los demás. La energía que fluye es extraordinaria, al igual que el potencial espiritual e intelectual. Si dos personas pueden vivir esta relación, sin duda serán seres extraordinarios con un destino fabuloso que marcará la historia de la humanidad.

EL MÁS HERMOSO DE LOS CANTOS DE AMOR
El Cantar de los Cantares (Antiguo Testamento, Salomón)

El esposo y la esposa. El diálogo de los enamorados.
El anhelo de la esposa
¡Bésame con los besos de tu boca!
Son tus amores más deliciosos que el vino;

son tus ungüentos agradables al olfato.
Es tu nombre un perfume que se difunde;
por eso te aman las doncellas.

El coro
¡Arrástranos tras de ti, corramos!
Introdúcenos, rey, en tus cámaras,
y nos gozaremos y regocijaremos contigo,
y celebraremos tus amores más que el vino.
¡Con razón eres amado!

La esposa
Soy morena pero hermosa, hijas de Jerusalén,
como las tiendas de Cedar,
como los pabellones de Salomón.
No miréis que soy morena:
es que me ha quemado el sol.
Los hijos de mi madre, airados contra mí,
me pusieron a guardar viñas,
no era mi viña la que guardaba.
Dime tú, amado de mi alma,
dónde pastoreas, dónde sesteas al mediodía,
no venga yo a extraviarme
tras los rebaños de tus compañeros.

El esposo
Si no lo sabes, ¡oh la más hermosa de las mujeres!,
sigue las huellas del rebaño
y apacienta tus cabritos junto a las cabañas de los pastores.
Al tiro de los carros de Faraón
te comparo, amada mía.
¡Cuán hermosas están tus mejillas entre las guedejas,
tu cuello con los collares!
Te haremos pendientes de oro con sartas de plata.

La esposa
Mientras reposa el rey en su lecho,
exhala mi nardo su aroma.
Es mi amado para mí bolsita de mirra,
que descansa entre mis pechos.
Es mi amado para mí racimito de alheña
de las viñas de Engadí.

El esposo
¡Qué hermosa eres, amada mía!
¡Qué hermosa eres!
¡Tus ojos son palomas!

La esposa
¡Qué hermoso eres, amado mío!
¡Qué agraciado!
¡Nuestro pabellón verdeguea ya!
Las vigas de nuestra casa son de cedro;
nuestros artesonados, de ciprés.
Yo soy el narciso de Sarón,
un lirio de los valles.

El esposo
Como el lirio entre los cardos,
es mi amada entre las doncellas.

La esposa
Como el manzano entre los árboles silvestres,
es mi amado entre los mancebos.
A su sombra anhelo sentarme,
y su fruto es dulce a mi paladar.
Me ha introducido en la sala del festín,
y la bandera que contra mí alzó es amor.
Confortadme con pasas,
reanimadme con manzanas;
que desfallezco de amor.
Está su izquierda bajo mi cabeza,
y su diestra me abraza.

El esposo
Os conjuro, hijas de Jerusalén,
por las gacelas y ciervos del campo,
que no despertéis ni inquietéis a la amada,
hasta que ella quiera.

La esposa
¡La voz de mi amado!
Vedle que llega saltando por los montes,
triscando por los collados.
Es mi amado como la gacela
o el cervatillo.
Vedle que está ya detrás de nuestros muros,
atisbando por las ventanas, espiando por entre las celosías.
Mi amado ha tomado la palabra y dice:

El esposo
¡Levántate ya, amada mía, hermosa mía, y ven!
Que ya se ha pasado el invierno
y han cesado las lluvias.
Ya se muestran en la tierra los brotes floridos,

ya ha llegado el tiempo de la poda
y se deja oír en nuestra tierra el arrullo de la tórtola.
Ya ha echado la higuera sus brotes,
ya las viñas en flor esparcen su aroma.
¡Levántate, amada mía, hermosa mía, y ven!
Paloma mía, que anidas en las hendiduras de las rocas,
en las grietas de las peñas escarpadas,
dame a ver tu rostro, hazme oír tu voz.
Que tu voz es dulce y encantador tu rostro.

La esposa
¡Cazadnos las raposas,
las raposillas que destrozan las viñas,
nuestras viñas en flor!
Mi amado es para mí, y yo para él.
Pastorea entre azucenas.
Antes de que refresque el día y huyan las sombras,
vuelve, amado mío, semejante a la gacela o al cervatillo,
por los montes de Beter.

El ensueño de la esposa
En mi lecho, por la noche,
busqué al amado de mi alma,
busquele y no lo hallé.
Me levanté y di vueltas por la ciudad,
por las calles y las plazas,
buscando al amado de mi alma.
Busquele y no lo hallé.
Encontráronme los centinelas que hacen la ronda en la ciudad:
«¿Habéis visto al amado de mi alma?».
En cuanto los había traspasado, hallé al amado de mi alma.
Lo así para no soltarlo
hasta introducirlo en casa de mi madre,
en la alcoba de la que me engendró.

El esposo
Os conjuro, hijas de Jerusalén,
por las gacelas y los ciervos,
que no despertéis ni inquietéis a mi amada
hasta que a ella le plazca.

Coro
¿Qué es aquello que sube del desierto como columna de humo,
como un vapor de mirra e incienso
y de todos los perfumes exquisitos?
Ved: la litera de Salomón;
sesenta valientes le dan escolta

de entre los héroes de Israel.
Todos esgrimen la espada, todos son diestros para el combate.
todos llevan la espada ceñida,
para hacer frente a los temores nocturnos.
Hízose el rey Salomón una cámara de maderas del Líbano.
Hizo de plata sus columnas, de oro su baldaquino,
su asiento de púrpura, recamado,
obra predilecta de las hijas de Jerusalén.
Salid, hijas de Sión, a ver al rey Salomón
con la diadema con que le coronó su madre
el día de sus desposorios,
el día de la alegría de su corazón.

El esposo
¡Qué hermosa eres, amada mía, qué hermosa eres!
Son palomas tus ojos a través de tu velo.
Son tus cabellos rebañitos de cabras
que ondulantes van por los montes de Galaad.
Son tus dientes cual rebaño de ovejas de esquila
que suben del lavadero,
todas con sus crías mellizas,
sin que haya entre ellas estériles.
Cintillo de grana son tus labios, y tu hablar es agradable.
Son tus mejillas mitades de granada, a través de tu velo.
Es tu cuello cual la torre de David, adornada de trofeos,
de la que penden mil escudos,
todos escudos de valientes.
Tus dos pechos son dos mellizos de gacela,
que triscan entre azucenas.
Antes de que refresque el día y huyan las sombras,
ireme al monte de la mirra,
al collado del incienso.
Eres del todo hermosa, amada mía;
no hay tacha en ti.
Ven del Líbano, esposa,
ven del Líbano, haz tu entrada.
Avanza desde la cumbre del Amana,
de las cimas del Sanir y del Hermón,
de las guaridas de los leones,
de las montañas de los leopardos.
Prendiste mi corazón, hermana, esposa;
prendiste mi corazón en una de tus miradas,
en una de las perlas de tu collar.
¡Qué encantadores son tus amores, hermana mía, esposa!
¡Qué deliciosos son tus amores, más que el vino!
Y el aroma de tus perfumes es mejor que el de todos los bálsamos.
Miel virgen destilan tus labios, esposa;

miel y leche hay bajo tu lengua;
y el perfume de tus vestidos es como aroma de incienso.
Eres jardín cercado, hermana mía, esposa.
Eres jardín cercado, fuente sellada.
Tu plantel es un vergel de granados, de frutales los más exquisitos,
de cipreses y de nardos, de nardos y azafrán,
de canela y cinamomo, de todos los árboles aromáticos,
de mirra y de áloe, y de todos los más selectos balsámicos.
Eres fuente de jardín, pozo de aguas vivas que fluyen del Líbano.

La esposa
Levántate, cierzo, ven, austro.
Oread mi jardín, que exhale sus aromas.
Venga a su huerto mi amado
a comer de sus frutos exquisitos.

El esposo
Voy a mi jardín, hermana mía, esposa,
a coger de mi mirra y de mi bálsamo,
a comer mi panal y mi miel,
a beber de mi vino y de mi leche.

El coro
Comed, colegas míos, y bebed. Y embriagaos, amigos míos.

[Ella le abre su puerta, pero ya es demasiado tarde].

Vivir
con los ritmos

Del mismo modo que, gracias a la compatibilidad numérica, se puede saber si un carácter se entenderá con otro en las mejores condiciones posibles, existen otros factores determinantes para analizar la evolución de la pareja y su duración en el tiempo. El estudio de los ritmos permite definir estos criterios.

En este capítulo se describen los años personales de los dos miembros de la pareja y su incidencia. Se trata de información bastante precisa y concreta, más acorde con la vida cotidiana y, por lo tanto, más inmediata.

Para elaborar un estudio numerológico completo es necesario realizar cálculos comparativos de los caminos de vida, los tres grandes ciclos vitales y las cuatro grandes realizaciones, tal y como se explica en la última parte de esta obra. Sin embargo, en un libro de estas características resulta imposible incorporar el desarrollo completo de dichos cálculos.

Por lo tanto, en esta segunda parte nos centraremos en desarrollar la interacción de los números de los años personales de ambos miembros de la pareja.

Además, se incluye una serie de consejos que les ayudarán a controlar sus reacciones, que dependerán en gran medida de las combinaciones numéricas implicadas.

Antes de empezar, es indispensable repasar las operaciones de cálculo básicas.

Cómo conocer su número de año personal y el de su pareja

Sume al año universal en curso el día y el mes de su nacimiento. Por ejemplo, si usted nació el 20 de febrero y corre el año 2011:

$$\begin{array}{r} 2011 \\ + 20 \\ \underline{+ 2} \\ 2033 \end{array} \; [2+0+3+3] = 8$$

Por lo tanto, desde el 1 de enero hasta el 31 de diciembre de 2011 usted se encontrará en el año personal 8 (número oculto: 26).

Como los años personales evolucionan del 1 al 9, según una progresión lógica, si en el año 2011 usted se encuentra en el año personal 8, en el 2012 se encontrará en el año personal 9, en 2013 iniciará un nuevo ciclo de nueve años bajo la influencia del año personal 1, y así sucesivamente.

En las páginas siguientes, en vez de examinar los años personales de forma individual, se describe la interacción de los años personales evolutivos de ambos cónyuges para indicar el nivel de armonía.

Estas interpretaciones irán progresando porque usted y su pareja cambiarán anualmente de año personal. Sin embargo, el intervalo numérico siempre será el mismo: si en 2011 usted se encuentra en el año personal 3 y su pareja, en el 9, en 2012 usted se encontrará en el año personal 4 y su pareja, en el 1, es decir, el intervalo numérico siempre será de 6.

Año personal 1

Ambos se encuentran en el año personal 1

Han iniciado una fase de reactivación y tienen un gran potencial. Acaban de entrar en un nuevo ciclo de nueve años, de modo que las decisiones que tomen serán determinantes para los tiempos venideros.

Sienten la necesidad de distanciarse el uno del otro. Aunque tienen las mismas ambiciones, estas se centrarán en campos distintos, a no ser que compartan idéntica forma de ver la vida, el destino y el número de carácter. Por lo tanto, para vivir lo mejor posible en pareja durante este año, se verán obligados a hacer concesiones. Si ninguno de los dos está dispuesto a ceder, se creará un clima de tensión que incluso podría causar un desgarro en su relación.

Ambos sentirán la necesidad de explicar sus proyectos, así que tendrán que escucharse mutuamente. Asegúrense de que se trate de un verdadero diálogo, y no de dos monólogos. Si aprenden a conversar, a expresar de forma íntima sus deseos, también conseguirán comprenderse.

Como su pareja necesitará cierta autonomía para hacer realidad sus proyectos, aceptará las propuestas que usted le haga, y se establecerá una nueva organización en su cotidianidad. Este periodo de independencia que simboliza el año 1 enriquecerá su unión y aportará una nueva dimensión más constructiva.

El plano sentimental ocupará un lugar secundario durante este periodo, que marcará un giro decisivo que ambos deberán gestionar lo mejor posible.

Es importante que formulen sus deseos latentes en lo que respecta a cuestiones familiares y profesionales, y que elaboren un plan de acción para los años venideros. No se limiten a dar vueltas en círculo, como serpientes que se muerden la cola, atrévanse a tomar un nuevo rumbo, que seguramente les alejará un poco al uno del otro, puesto que cada uno deberá seguir su propio camino durante este año. Sólo su capacidad de diálogo les ayudará a afrontar este cambio de la mejor manera posible.

A nivel profesional, será un año excelente. El carácter 1 se corresponde con la energía yang (masculina), de modo que deberán impedir que los conflictos de dominación obstaculicen su evolución.

En su memoria inconsciente pueden resurgir problemas relacionados con la infancia, como por ejemplo el papel que desempeñó su padre en la formación de su carácter. Deberá aprender a analizar y reestructurar su nueva personalidad de acuerdo con estos recuerdos que regresarán a su mente.

No se muestre hostil con su padre o con la persona que le dominó antaño, o que quizá le sigue dominando. No permita que este sentimiento repercuta en su pareja; recondúzcanlo juntos hacia su conciencia cotidiana, intenten comprenderlo e integrarlo de forma positiva, mostrando una actitud más dinámica y abierta hacia los demás. Ambos comparten los mismos conflictos, temores y necesidades, de modo que será más necesario que nunca que sepan comprenderse el uno al otro para poder desarrollar una acción concreta. De lo contrario, la energía de ambos destruirá la relación.

En este tipo de pareja es el hombre quien tiene más posibilidades de sufrir, puesto que la energía masculina de su mujer puede causarle problemas de identidad. El hombre deberá aceptar el rol masculino que desarrollará su pareja y comprender que esta no pretende ocupar su lugar, sino que simplemente necesita reafirmar su identidad en el seno familiar y, sobre todo, en el ámbito laboral.

El hombre y la mujer se complementan. El uno sin el otro no serían nada, puesto que el más busca siempre su menos, el yin, su yang y el macho, a su hembra. Este año ambos serán muy yang, muy masculinos, muy más. Aprovechen esta ventaja para aportar dinamismo a la relación, aunque sus dos personalidades estén enfrentadas. En vez de intentar vencer al otro, intenten beneficiarse al máximo de su experiencia. Será necesario que se replanteen la relación y que intenten apaciguar la agitación que sienten en su interior.

Uno se encuentra en el año personal 1 y el otro, en el 2

El cónyuge que atraviese el año personal 1 intentará dominar al que se encuentre en el 2. Pueden producirse fricciones, cuya intensidad dependerá del carácter de la persona que deba someterse. ¿Lo aceptará? Las vibraciones de quien se encuentre en el año personal 1 le impulsarán a seguir adelante, mientras que su pareja sentirá la necesidad de retroceder porque se encuentra en el año personal 2.

Es posible que se establezca cierto equilibrio entre ambos caracteres, pero será esencial que no se cometan abusos en ningún sentido. El miembro de la pareja que se encuentre en el año personal 1 necesitará los consejos y la distancia del 2 para materializar sus proyectos, que este año se multiplicarán. El 1 y el 2 son muy complementarios cuando no se producen abusos por ninguna de las dos partes. El 1 representa al emisor y el 2, al receptor: ambos elementos son necesarios para acceder al 3, que simboliza la acción y la creación.

El 1 puede aportar al 2 la intuición necesaria para hacer realidad sus proyectos y llevarlos a buen puerto. El 2, por su parte, se encuentra en un periodo de gestación: está procesando y analizando las informaciones que recibe para poder transformarlas en acciones.

El cónyuge que se encuentre en el año 1 deberá extremar las precauciones para no perturbar ni herir a su pareja, que vivirá momentos de intensa afectividad, emotividad y sensibilidad.

El 2, por su parte, deberá recurrir a sus dotes diplomáticas para ayudar a su pareja a abrirse a los demás, mostrarse dialogante y ser consciente de la necesidad de entenderse con las personas que le rodean, pues sólo así logrará triunfar en lo que emprenda.

El 2 aconseja y el 1 actúa para que se produzca la materialización. Cada uno tiene su propia misión, de modo que el 2 no deberá mostrarse excesivamente pasivo ni encerrarse en sí mismo.

Uno se encuentra en el año personal 1 y el otro, en el 3

Se trata de una unión muy positiva en cuanto a vibraciones. Sin duda alguna, ambos cónyuges entablarán nuevas amistades, iniciarán nuevos proyectos y conocerán nuevas personas, con las que interactuarán. Será un periodo muy creativo y expresivo para el miembro de la pareja que se encuentre en el año personal 3, que ayudará a su pareja 1 a comunicarse con los demás. Esta unión podría tener repercusiones laborales muy beneficiosas.

Esta combinación ayudará a ambos cónyuges a conocerse mejor: su potencial, sus características ocultas, sus talentos y sus deseos. El 1 deberá tener cuidado de no asfixiar al 3 en su búsqueda de expresión; más bien debería encontrar vías que contribuyan favorablemente al bienestar de la pareja y los hijos.

El cónyuge en el año personal 3 podrá utilizar la energía, la ambición y los buenos consejos que le aportará su pareja para materializar sus proyectos. El 1, por su parte, aportará al 3 el dinamismo de concretización que tanto necesita para hacer realidad sus ideas.

Esta combinación numérica posibilita la creación de una empresa por parte de ambos cónyuges; sin embargo, se deberá tener en cuenta el aspecto caracterial, así como otros factores que aseguren la durabilidad del proyecto y el entendimiento profesional.

Ambos deberán aprovechar este periodo para acercarse a sus hijos, prestarles atención, dedicarles más tiempo y hablar con ellos sobre sus perspectivas. Es posible que estos les generen ciertas preocupaciones, que percibirá con mayor intensidad el cónyuge que atraviese el año personal 3; sin embargo, el diálogo les permitirá solucionar muchos problemas.

Uno se encuentra en el año personal 1 y el otro, en el 4

El cónyuge que atraviese el año personal 4 frenará un poco el impulso de su pareja 1. Es probable que este año resulte bastante restrictivo para el primero, pero la fuerza del segundo le ayudará a superar los obstáculos. El incremento de trabajo, el combate diario por conservar lo adquirido, la tensión y los momentos de fatiga que sufrirá el 4 ralentizarán el progreso del 1.

Como el 1 dispondrá de más energía que su pareja, deberá coger el testigo y redistribuir las cargas familiares para ayudarle a superar este año tan difícil. El 4 será consciente de los problemas familiares y laborales que hay a su alrededor, pero le costará ocuparse de ellos.

Es muy probable que esta pareja no tenga tiempo suficiente para preocuparse por los problemas sentimentales, pues los planos profesional y material ocuparán todos sus pensamientos. Por lo tanto, deberán realizar un esfuerzo conjunto para evitar que los cimientos de su unión se tambaleen. No permitan que los detalles les desborden. Solucionen los temas más urgentes lo mejor posible.

Uno se encuentra en el año personal 1 y el otro, en el 5

El cónyuge que atraviese el año personal 5 necesitará evadirse. Se sentirá atraído por la novedad y el cambio, de modo que deseará aportar a su vida de pareja las satisfacciones que espera obtener este año. Un viaje, un cambio laboral... todo puede ser posible con una pareja que se encuentra en el año personal 5. Será esencial que el 1 no le corte las alas, pues en ese caso será muy probable que se produzca un desgarro en la relación.

Será un periodo muy inestable: el cónyuge en el año personal 1 tendrá la sensación de que a su pareja le falta solidez y de que los acontecimientos se le escapan de las manos. Por lo tanto, deberá recurrir al diálogo para comprender sus necesidades y esperanzas.

También será necesario que el 1 le preste su hombro a su pareja 5 durante este proceso de búsqueda. Deberá calmar su impulsividad, ayudarle a adaptarse a los cambios y hacer que sea consciente de los problemas que puede causar si se comporta como un pequeño tsunami.

Uno se encuentra en el año personal 1 y el otro, en el 6

El 6 vivirá un periodo sumamente emotivo y sensible. Su pareja 1 se concentrará en alcanzar sus objetivos profesionales y, por lo tanto, es muy probable que acabe hiriéndole. El 6 cargará sobre sus hombros una gran cantidad de obligaciones familiares y laborales, de modo que será esencial que el 1 controle sus tendencias egoístas y participe de buena gana en la gestión de los problemas cotidianos.

El cónyuge en el año personal 1 deberá mostrarse sumamente afectuoso y tierno con su pareja 6 durante este periodo.

De vez en cuando, el 6 necesitará que su pareja 1 le dé un empujoncito y comparta su energía para permitirle progresar personal y profesionalmente. Sin embargo, el 1 deberá extremar las precauciones para no ofender al 6, que durante este periodo tendrá la sensibilidad a flor de piel.

El cónyuge en el año personal 6 vivirá una nueva etapa amorosa más noble. Este periodo propiciará que las parejas que no estén casadas decidan legalizar su unión y que los solteros inicien una relación amorosa estable. El lado material de la vida se canaliza a través del hogar, la familia y el sentido del servicio y el sacrificio. La generosidad del 6 y el individualismo del 1 pueden generar ciertos antagonismos en la relación, pero lograrán solucionarlos si ambos son capaces de hacer concesiones.

El cónyuge en el año personal 6 deberá hacer un esfuerzo por comprender que su pareja 1 no se encuentra en la misma disposición cíclica que él y que, por lo tanto, no tiene por qué percibir de forma inmediata sus necesidades.

Esta interrelación numérica puede hacer que resurjan problemas de infancia relacionados con la afectividad. Será necesario actuar de inmediato y buscar, ante todo, la armonía y la conciliación. Analicen sus emociones antes de actuar. Sería conveniente que ambos lograran preservar sus idealismos e incluso fusionarlos.

Uno se encuentra en el año personal 1 y el otro, en el 7

Juntos podrán resolver fácilmente los problemas de la vida. Este periodo será muy favorable desde el punto de vista financiero y, si están preparados, podrán realizar grandes avances en los planos espiritual e intelectual. Sin embargo, será importante que el cónyuge que se encuentre en el año personal 7 no ralentice el impulso dinámico de su pareja 1, ni sus deseos de innovación material.

El 7 se mantendrá en un segundo plano para estudiar, progresar y emprender un proceso iniciático que el 1 deberá comprender.

De vez en cuando, el 7 tendrá la sensación de que las opiniones materialistas que expresará su pareja 1 durante este año no están a la altura de sus meditaciones metafísicas. Sin embargo, deberá recordar que una pareja es una complementariedad y que es esencial que exista un equilibrio a todos los niveles. Que uno de los cónyuges esté centrado en el plano material y el otro, en el espiritual, no es incompatible con la felicidad. ¡Al contrario!

El 1 deberá comprender que su pareja 7 necesite tomar cierta distancia y no deberá atosigarla durante este periodo de introspección, meditación o búsqueda. Tendrá que respetar su necesidad de calma o incluso de soledad. Para impedir que su ego sufra, simplemente deberá recordar que su pareja no estará disponible durante este periodo, a no ser que decida acompañarla o ayudarla a lo largo de este proceso de búsqueda intelectual o espiritual.

El 7 advertirá que el 1 estará muy serio durante este año. Sin embargo, es muy posible que de sus respectivas vibraciones nazca una nueva forma de amor, más noble y sublime.

Uno se encuentra en el año personal 1 y el otro, en el 8

La evolución profesional y material no debería suponer ningún problema para esta pareja, puesto que sus vibraciones combinan el impulso energético con el combativo. Sin embargo, sí surgirán dificultades si el cónyuge que atraviesa el año personal 8 tiene unos ciclos mensuales sumamente negativos (del tipo 9/8, que indica una ruptura en algún campo, o 5/5, que desencadena un principio transformador como el 13) o si estos poseen unas vibraciones 4/9, que pueden canalizarse en el plano afectivo o profesional. En este caso, el cónyuge en el año personal 1 deberá echar una mano a su pareja.

El 8 deberá gestionar sus finanzas, poner de relieve su talento y realizar un esfuerzo a nivel social. Es preferible que no intente situarse muy por delante de su pareja 1, que durante este año sentirá la necesidad de expresarse. Si son capaces de organizarse sobre nuevas bases más dinámicas y operativas, teniendo en cuenta los errores del pasado, ambos obtendrán su recompensa y verán mejorar su posición.

Deberán progresar lentamente pero con aplomo, superando las dificultades y sin confundirse de dirección. El año personal 8 suele ir acompañado de una lección vital (karma) que se debe purgar, pero al sortear este obstáculo uno sale fortalecido. El 8 no deberá sentirse contrariado si los acontecimientos no se desarrollan con la rapidez que desearía. Al contrario, tendrá que dar un paso atrás para saber si su actitud ha generado reacciones negativas en sus allegados. Durante un año personal 8 será importante relativizar el poder del dinero. Resulta imposible infravalorar este símbolo, pero también es importante concederle su justo valor.

Uno se encuentra en el año personal 1 y el otro, en el 9

El cónyuge que atraviesa un año personal 1 acaba de iniciar un ciclo de nueve años, mientras que su pareja 9 está completando el suyo. Las vibraciones de esta unión aportan armonía, desde el punto de vista humanitario y social. Además, favorecen la transmisión y la difusión de ideas.

El cónyuge en el año personal 1 innovará, tendrá proyectos y ocupará un primer plano, mientras que su pareja 9 se dedicará a hacer limpieza, tanto en el sentido literal como en el figurado, adoptará cierta distancia y meditará.

Es muy probable que el 9 analice con atención todas sus relaciones para sopesar los pros y los contras. Puede que le surjan dudas y que se sienta deprimido. Sin embargo, será importante que espere antes de actuar.

El 1 deberá escuchar a su pareja y mostrarse generoso para ayudarla a hacer balance personal e incluso profesional.

El 9 deberá realizar un esfuerzo para comprender que su pareja 1 se muestre tan activa y optimista. Para ello, sólo tendrá que recordar que el año anterior le tocó a él purgar sus pensamientos negativos.

Año personal 2

Ambos se encuentran en el año personal 2

Ambos están recogiendo los frutos de aquello que sembraron durante su año personal 1. En este periodo, la necesidad de diálogo y cooperación será muy importante. Forman un tándem único que requiere grandes dosis de fuerza y resistencia nerviosa, pues ambos emiten las mismas vibraciones, y estas podrían poner freno a sus actos. Afortunadamente, cada uno posee sus propios números personales y su camino de vida.

El año personal 2 es esencialmente yin (femenino). El principio femenino es sinónimo de receptividad, intuición y fuertes emociones. Del mismo modo que durante un año personal 1 pueden aflorar recuerdos negativos del pasado referentes al padre, el abuelo o los hombres de la familia en general, durante el año personal 2 se agudizan los conflictos de la infancia relacionados con la madre, la abuela o las mujeres de la familia. Deberán analizarlos, aprender a perdonar y seguir adelante con sus vidas.

Manténganse en un segundo plano a nivel profesional y no permitan que les afecten las críticas ni los chismes.

Es probable que este año muestren cierta debilidad psicológica. Si ya han empezado a avanzar juntos por el camino de la iniciación, este año podría suponer un progreso espiritual enorme.

Ambos sentirán la necesidad de evolucionar desde el punto de vista sentimental. Las vibraciones favorecen las decisiones de legitimación de su unión.

Uno se encuentra en el año personal 2 y el otro, en el 3

El cónyuge que atraviese el año personal 2 preferirá mantener las distancias, mientras que su pareja 3 se encontrará en pleno periodo creativo y expresivo. Por lo tanto, será necesario que ambos comprendan y reconozcan las diferentes reacciones y necesidades que tendrán durante este año.

La imaginación del 2, siempre que sea constructiva, ayudará al 3 a expresarse por completo. El primero disfrutará del hogar y las reuniones familiares, mientras que el segundo se decantará por los amigos y las salidas, así que ambos tendrán que hacer concesiones para satisfacer sus deseos.

Será necesario que el 2 comprenda que su pareja necesita utilizar su energía para concebir nuevas ideas. El 3, por su parte, deberá reconocer que necesita la seguridad que le ofrece el 2. Este será un periodo muy favorable para un embarazo.

El cónyuge que se encuentre en el año personal 2 tendrá dificultades para tomar decisiones, mientras que el 3 mostrará un humor fluctuante que desconcertará a su compañero. Será necesario que ambos reflexionen con serenidad, sin provocar conflictos. Busquen consejo en sus amigos o en profesionales con los que puedan hablar con total confianza y seguridad.

Es posible que el 3 recuerde ciertas experiencias afectivas que vivió durante su infancia. El entorno, los hijos y las amistades ocuparán una posición primordial durante este año. El 2 deberá tener cuidado para no asfixiar al 3, mientras que este deberá colmar de amor a sus hijos y ofrecerles buenos consejos.

Sería positivo que el 2 realizara un esfuerzo por ser más sociable y se obligara a sí mismo a interactuar con otras personas, tanto saliendo al exterior como recibiéndolas en casa.

Uno se encuentra en el año personal 2 y el otro, en el 4

Durante este periodo reinará la armonía material, pero no tanto en el terreno de las relaciones. El cónyuge que atraviese el año personal 2 se mostrará bastante pasivo y su pareja 4 tendrá que arremangarse para sacar las cosas adelante. Es posible que la pasividad temporal del 2 enerve al 4, que sentirá una necesidad imperiosa de trabajar.

Desde el punto de vista profesional, será un año muy importante para el 4, que, no obstante, no deberá descuidar su vida familiar. Durante este año tendrá que demostrar su habilidad para producir, para ser rentable. Combinado con un ciclo mensual 1, este año será extremadamente favorable a nivel laboral; sin embargo, si se encuentra en un ciclo mensual 9, deberá prepararse para reorientar su carrera, pues es posible que se produzca un cambio, un despido o una dimisión que harán las veces de trampolín para acceder a un puesto de trabajo mejor y más acorde con su carácter.

No es recomendable tener hijos durante un año personal 4, debido sobre todo al aumento de trabajo que posiblemente ya habrá empezado a notar. El cónyuge 4 deberá vigilar su salud y el 2, sus nervios y su estado emocional. Estas vibraciones presentan grandes limitaciones en el ámbito financiero, a no ser que la pareja haya ahorrado durante los años anteriores.

En cuestiones sentimentales, tanto el 2 como el 4 se mostrarán pasivos, a no ser que ambos carezcan de ciclos mensuales personales 6. Así pues, deberán realizar un esfuerzo conjunto para mantener el equilibrio familiar. El cónyuge en el año personal 2 tendrá que esforzarse por ayudar al 4 a mejorar sus relaciones profesionales y privadas. También deberá luchar contra la introversión, que será nefasta tanto a nivel personal como familiar.

Uno se encuentra en el año personal 2 y el otro, en el 5

El cónyuge que atraviese el año personal 2 tendrá una gran necesidad de seguridad durante este periodo, pues será un año fluctuante en el que se sucederán los cambios de planes, de proyectos, de circunstancias. El cónyuge en el año personal 5 deberá aceptar estos cambios y adaptarse a ellos. Puede que incluso tenga que aprender a provocarlos. Además, experimentará una gran necesidad de libertad e independencia. El 2 deberá tranquilizarse, pues esta situación será transitoria.

Aunque es cierto que durante el año personal 5 se incrementan las posibilidades de que un hombre o una mujer casados tengan una aventura extraconyugal, cabe señalar que no todos los maridos engañan a sus mujeres, ni todas las mujeres a sus maridos. Por lo tanto, será importante que el 2 mantenga un espíritu abierto para evitar el drama y que hable calmadamente con su pareja.

La vibración del 5 acentúa el lado sensual y sexual de esta combinación, por eso el 2 deberá escuchar a su compañero.

Durante este año, el 2 deberá refrenar la impulsividad y la excesiva agitación de su pareja 5. También tendrá que ayudarle a utilizar su energía con fines constructivos. No deberá sorprenderse si el 5 proyecta un viaje o varios desplazamientos, ya que esto forma parte del desarrollo normal de un año personal 5. Incluso es posible que se produzca un traslado o un cambio en el ámbito laboral.

El cónyuge en el año personal 5 deberá romper definitivamente con su infancia y evolucionar hacia nuevas creencias e ideologías. El 2, por su parte, sentirá una gran necesidad de armonía afectiva y sentimental, pero será esencial que realice un esfuerzo por compartir los acontecimientos que vivirá su pareja. ¿Su familia se encuentra en pleno proceso de efervescencia? Pues mejor, puesto que los aires de cambio barrerán el polvo del pasado.

El 2 deberá aprovechar las oportunidades que se le brinden a su pareja durante este año. Y también tendrá que actuar con prudencia. Además, es importante que no tome decisiones precipitadas ni elabore planes a largo plazo, puesto que será imposible saber si llegarán a concretarse.

Sería conveniente que el 2 cambiara de aires e intentara disfrutar al máximo de la vida.

Uno se encuentra en el año personal 2 y el otro, en el 6

Esta unión vibratoria es muy positiva desde el punto de vista sentimental. De hecho, favorece las decisiones de contraer matrimonio y los compromisos sentimentales en general. A nivel material, es posible que la pareja atraviese ciertas dificultades durante este periodo.

La energía de una pareja se canaliza a través del amor que comparten, pero también del que proyectan sobre los demás.

El miembro de la pareja que atraviese el año personal 2 deberá prestar atención a sus responsabilidades financieras. Durante este año, su papel como padre (o madre) y cónyuge cobrará especial relevancia. Será necesario que comprenda que la única verdad que existe y la única iniciación posible parte del amor que uno siente por su pareja, por un niño, por la humanidad y por Dios. Durante este periodo, la gente acudirá a él para pedirle favores, así que deberá esforzarse por echarles una mano, con una sonrisa en la cara y sin esperar nada a cambio.

Si existe un conflicto desde hace tiempo, este año marcará el momento de la reconciliación o la ruptura definitiva. Ojalá que su amor renazca bajo una forma más noble, sutil y armoniosa. Durante este año también será muy posible que regresen a la memoria secretos familiares y todo aquello que nunca se dijo en voz alta.

Será necesario que ambos cónyuges asuman sus responsabilidades y se abran juntos a los demás. El cónyuge en el año personal 6 se mostrará más emotivo y sensible que su pareja, de modo que le tocará hacer concesiones. Es conveniente que no sea tan perfeccionista, que no idealice sus sentimientos y reflexiones, y que preste más atención a los sentimientos y los actos de los demás. Es decir, deberá aprender a ver la viga en su propio ojo y a no fijarse en la paja en el ojo ajeno.

Será un momento ideal para reconsiderar el marco familiar. ¿Desean redecorar la casa, arreglar el jardín o limpiar de trastos el desván para convertirlo en una sala de relajación o una biblioteca? Su sensibilidad psíquica y espiritual será intensa, así que hagan buen uso de ella.

Uno se encuentra en el año personal 2 y el otro, en el 7

El cónyuge que atraviese el año personal 2 se mantendrá en la retaguardia, mientras su pareja 7 vive un periodo de retirada, introspección y meditación. La vida de pareja no será sencilla, puesto que ninguno de los dos estará en una buena disposición cíclica para hablar, dialogar y expresar sus sentimientos y emociones.

El 7 deberá centrarse en los estudios e iniciar una búsqueda metafísica, física, filosófica o científica. También sería positivo que hiciera balance profesional y personal. Para él, este año estará caracterizado por la tranquilidad y el sosiego. Si puede dejar de trabajar, tanto mejor: un año sabático sería la solución ideal. Sin embargo, si ignora a las personas que le rodean, no sólo se arriesgará a vivir en soledad, sino también a recibir fuertes críticas. También es posible que tenga una iluminación interior, de modo que deberá prestar atención a su supraconciencia.

El cónyuge en el año personal 2 deberá realizar un esfuerzo para dejar espacio a su pareja, pero al mismo tiempo tendrá que velar por su bienestar.

Durante este año deberá centrarse principalmente en sus hijos y aprovechar ciertos momentos privilegiados para hablar sobre la evolución familiar con sus allegados, incluida su pareja, que volverá a bajar a la tierra. Es posible que el 7 inicie un proceso de formación que despierte el interés de su pareja 2.

Uno se encuentra en el año personal 2 y el otro, en el 8

¡Las vibraciones de esta combinación aportan un gran dinamismo! Durante este periodo, todo debería sonreírles (la economía, la relación sentimental, el trabajo...), pero para ello será necesario que el cónyuge en el año personal 8 valore su capacidad de ejecución y su habilidad para los negocios. Su pareja 2 deberá ayudarlo a poner su potencial y sus habilidades al servicio del éxito social y familiar.

Durante este año, el 8 deberá ser más flexible y aceptar los consejos de los demás. También tendrá que asumir las críticas que puedan suscitar sus actos, así como que su autoridad sea puesta en duda. Su relación con el dinero será especialmente importante este año, de modo que deberá aprender a concederle el valor que merece.

En este periodo, el cónyuge en el año personal 2 sentirá la necesidad de expresar sus deseos más profundos y anhelará encontrar apoyo moral en su pareja 8. Será importante que no intente reprimir sus emociones, que acepte que sea su pareja la que brille este año y que demuestre que está a la altura del papel que debe desempeñar.

Uno se encuentra en el año personal 2 y el otro, en el 9

Este periodo estará caracterizado por un gran dinamismo, que provocará una sublevación interior, un desbordamiento del nerviosismo y un afloramiento de las emociones. Su relación de pareja no pasará por su mejor momento, y se sucederán las disputas. Es posible que esta combinación pueda provocar un replanteamiento profundo y completo de la pareja, que, no obstante, resultará positivo más adelante.

Ambos cónyuges vivirán un periodo emocional intenso que les impulsará a encerrarse en sí mismos. Pocas veces tendrán la ocasión o el deseo de compartir algo. Será un año bastante agitado, a no ser que sus temperamentos coincidan en otros aspectos.

Ambos deberán prestar atención a las enfermedades psicosomáticas, a su estado nervioso y a su humor fluctuante. Tendrán que extremar las precauciones para no desestabilizarse mutuamente. Si desean adoptar cierta distancia, podrán hacerlo, pero deberán mantener en todo momento los pies en el suelo. Recuerden que las situaciones nunca son estables, que siempre evolucionan de un modo u otro. Por lo tanto, si algo huele a chamusquina, esperen un cambio de ciclo.

Algunas parejas son capaces de superar sin problemas este tipo de unión cíclica (por lo general, se trata de personas que poseen números fuertes, como el 11, el 22, el 1 y el 8). De todos modos, conviene relativizar esta interpretación, puesto que no es en absoluto exhaustiva.

Año personal 3

Ambos se encuentran en el año personal 3

Ambos vivirán un año sumamente creativo y expresivo. Sin embargo, se trata de una combinación delicada, pues las vibraciones idénticas podrían paralizar la acción.

Será un periodo excelente para consensuar las energías yin y yang, para liberarse de las actitudes y los pensamientos negativos que crean interferencias entre estos dos principios energéticos. Ha llegado el momento de que se vuelvan juntos hacia los demás, entablen nuevas relaciones y mejoren sus habilidades educativas.

Si ambos se encuentran en el camino de la iniciación, esta combinación será muy poderosa en cuanto a vibraciones espirituales.

Es importante que se expresen a través de todos aquellos medios con los que se sientan cómodos: la palabra, la escritura, el dibujo, la pintura, la escultura, la canción... ¡Recuerden que este es el año de las artes! Busquen salidas concretas para sus ideas y sean más disciplinados en su vida cotidiana. Apóyense el uno al otro y eviten buscar la libertad individual. Es un buen momento para tener un hijo.

Uno se encuentra en el año personal 3 y el otro, en el 4

Durante este periodo, el cónyuge en el año personal 3 intentará disfrutar de la vida, mientras que su pareja 4 sólo pensará en el trabajo. ¿Lograrán comprenderse mutuamente y aceptar que cada uno tenga su propio ritmo? Recuerden que aquel que ahora atraviesa el año personal 3 el año que viene se encontrará en el 4. ¡A todo el mundo le acaba llegando su turno! Una vez dicho esto, el cónyuge en el año personal 4, gracias a su vibración creadora y su desbordante imaginación, podrá ayudar a su pareja a superar este año tan laborioso con una sonrisa en la cara. Por su parte, el 3 deberá apoyar a su pareja para aliviar su exceso de actividad, que podría acarrearle problemas nerviosos o perturbar su salud. Uno se mostrará frívolo y el otro, excesivamente preocupado. Por lo tanto, las salidas, los encuentros y el aire fresco resultarán muy positivos para el 4.

El 3 deberá comprender que su pareja necesita edificar una base sólida para su familia y conseguir cierta estabilidad.

Si se divisa en el horizonte un reto profesional o un cambio general, no cabe duda de que, a largo plazo, este tendrá repercusiones positivas en las vidas de los dos miembros de la pareja.

Uno se encuentra en el año personal 3 y el otro, en el 5

Será un año muy creativo para ambos. Puede que decidan abrir un negocio, un taller, o emprender cualquier otro tipo de actividad en común. Será un año ideal para esperar un bebé en las mejores condiciones.

La necesidad de cambio y renovación del cónyuge en el año personal 5, unida a la creatividad y la necesidad de expresarse de su pareja 3, será una combinación excelente. Aprovechen al máximo estas vibraciones para realizar algo juntos. Podrían compartir la experiencia del «renacimiento» o cualquier otra técnica que les permita revivir su nacimiento, con el objetivo de sofocar sus miedos y angustias.

Si se muestran comunicativos y dialogantes, si se abren a los demás y aceptan los compromisos sociales, se asegurarán el éxito personal y de pareja. Gozarán de una gran estabilidad afectiva.

Este año les resultará enriquecedor y muy agradable. Intenten adaptarse a las nuevas situaciones. Hay muchas salidas y visitas en perspectiva. Aprovechen todas las oportunidades que se les ofrezcan para mejorar su vida.

Uno se encuentra en el año personal 3 y el otro, en el 6

¡Será un año inmejorable para la pareja! Esta combinación representa el marco afectivo de los números. El amor, la comprensión, el calor de la pareja: todo estará presente, incluso la felicidad.

En el terreno laboral, será necesario que el 6 siga asumiendo responsabilidades, para poder asegurar sus obligaciones como cónyuge y como padre. Será importante que escuche a los demás y que no dude en echarles una mano y aconsejarles.

El cónyuge en el año personal 3 deberá utilizar todos sus recursos para materializar las ideas y los proyectos creativos que surjan en cualquier ámbito.

El equilibrio físico irá acompañado del mental. Por lo tanto, ninguno de los miembros de la pareja tendrá problemas de salud durante este periodo.

Es un año propicio para combinar lo útil con lo agradable, así que aprovéchenlo bien.

Uno se encuentra en el año personal 3 y el otro, en el 7

Se trata de una combinación tan variable que todo dependerá de los caracteres respectivos. La creatividad del cónyuge en el año personal 3 y su necesidad de expresarse podrán ayudar a su pareja 7 a superar un año que le resultará bastante duro. Para ello será necesario que el 3 tenga un carácter más fuerte que su pareja o que esta acepte someterse temporalmente a él. El 7 vivirá un año en el que las dudas y la meditación ocuparán un primer plano. Durante este periodo buscará la soledad y se centrará en el estudio, la investigación, la formación continua o las experiencias metafísicas.

El cónyuge en el año personal 3 se mostrará alegre y expresivo, deseará acercarse a otras personas, estar con los amigos, expresarse, hablar, dialogar, crear, escribir, cantar..., es decir, rebosará optimismo, mientras que el 7 se mostrará pesimista. Por lo tanto, será esencial que intenten encontrar un equilibrio. Recuerden que en la vida no todo es blanco o negro, sino que hay muchos matices de gris.

No habrá estabilidad económica, pero este detalle no les preocupará demasiado, porque durante este año tendrán que abordar cuestiones mucho más importantes.

Uno se encuentra en el año personal 3 y el otro, en el 8

La economía se verá favorecida. Es muy posible que los dos miembros de la pareja reciban ofertas profesionales muy interesantes por parte de personas situadas en lo más alto de la escala laboral.

Durante este año, el plano sentimental ocupará un lugar secundario. El cónyuge que se encuentre en el año personal 3 sentirá un gran interés por las salidas, los espectáculos y el ocio en general. Necesitará conocer gente nueva, volverse hacia el mundo exterior y dar rienda suelta a su creatividad. Por su parte, el 8 podrá ayudarle a cumplir con las formalidades y los trámites necesarios para sus actividades creativas. Bajo semejantes vibraciones no se recomienda el embarazo, puesto que esta unión numérica podría provocar complicaciones médicas o fatiga. No obstante, si el embarazo se produce por inseminación artificial, no habrá ningún problema.

El espíritu jovial del cónyuge en el año personal 3 ayudará a su pareja 8 a olvidar, en cierta medida, las preocupaciones materiales y laborales. Ambos deberán realizar un esfuerzo para que reine la armonía.

Uno se encuentra en el año personal 3 y el otro, en el 9

Se trata de una combinación muy inestable emocionalmente hablando. Ambos cónyuges intentarán apoyarse el uno en el otro: el 3 buscará las cualidades del 9 para materializar sus proyectos creativos, pero este último necesitará ocuparse de sus propias ideas y aspiraciones humanitarias. Por lo tanto, es muy posible que surjan tensiones y cierta sensación de tirantez. Sin embargo, si ambos reconocen el derecho del otro a ser diferente, finalmente lograrán caminar juntos en la misma dirección.

Al 9 podrá sorprenderle la frivolidad de la que hará gala su pareja durante este año. El 3 deseará disfrutar del lado superficial de la vida, mientras que el 9 necesitará sentirse más atendido, amado y comprendido. Por lo tanto, el 3 deberá moderar sus deseos de hacer vida social y prestar atención a su relación de pareja.

Durante este año, el cónyuge en el año personal 9 tendrá pensamientos muy profundos. Sería conveniente que los compartiera con su pareja, para ayudarla a pulir sus creaciones y objetivos, para ennoblecerlos y elevarlos. Sin embargo, es posible que envidie la capacidad de exteriorizar los pensamientos de su pareja 3.

En resumen, durante este periodo el 3 sentirá muchos deseos de moverse, mientras que su pareja 9 se batirá en retirada para hacer balance.

Año personal 4

Ambos se encuentran en el año personal 4

Ambos deberán realizar un esfuerzo físico enorme durante este año, en el que los planos material y profesional cobrarán relevancia. Su entorno de vida les impondrá limitaciones y dificultades. Además, necesitarán grandes dosis de energía para combatir el aspecto estático de sus vibraciones idénticas.

Deberán hacer valer en la medida de lo posible su talento profesional, pero es posible que se produzca una mejora en su situación laboral. Sería conveniente que mantuvieran cierta distancia entre los dos, pues existe el riesgo de que se produzcan accidentes cuando estén juntos.

Será un buen momento para estrechar los vínculos familiares y desarrollar el espíritu de familia, aunque tendrán que negociar los campos de acción: decidan quién de los dos prestará más atención a la familia y quién se centrará más en su profesión.

Esta combinación numérica no es favorable para la llegada de un nuevo miembro a la familia.

Sería aconsejable que ambos buscaran un nuevo equilibrio vital.

Uno se encuentra en el año personal 4 y el otro, en el 5

Al cónyuge que atraviese el año personal 4 le costará comprender y aceptar la necesidad de libertad e independencia de su pareja 5. Este año será mucho más laborioso y duro para el 4 que para el 5, de modo que podrían surgir conflictos.

El 4 tendrá que aprovechar este periodo para construir nuevas bases, más sólidas y nobles, pero no deberá impedir que su pareja 5 haga cambios en su vida. Los desplazamientos frecuentes del 5 pueden contrariar al 4 si la evolución personal de cada uno no es comprendida ni aceptada por el otro.

Es importante que el 5 no se apoye demasiado en su pareja a nivel material y familiar. Deberá echarle una mano durante este año, que será difícil, pero estará repleto de nuevas oportunidades profesionales. Además, es posible que experimente un desequilibrio energético que podría incidir negativamente a nivel físico. Por lo tanto, sería conveniente que el 4 fuera capaz de serenarse y tomar cierta distancia.

El cónyuge en el año personal 5 deberá reprimir sus deseos de criticar a su pareja 4 por estar tan seria y dedicar tanto tiempo al trabajo. También deberá respetar las costumbres y las normas de la vida familiar, así como aportar nuevas ideas que consolidarán a la pareja.

Uno se encuentra en el año personal 4 y el otro, en el 6

El cónyuge en el año personal 6 tendrá que controlar su excesiva necesidad de amor y muestras de afecto. Además, deberá evitar convertirse en un obstáculo para el impulso profesional de su pareja 4, que este año realizará un esfuerzo máximo para conseguir que los demás valoren su trabajo y sus habilidades, y poder mejorar así la economía familiar. El 4 aportará a su pareja equilibrio emocional, así como armonía en los planos intelectual, afectivo y físico. Durante este periodo, el 4 desplegará toda su energía, de modo que no convendrá saturarlo. Por esta razón, su pareja 6 deberá estar dispuesta a asumir más responsabilidades familiares y sociales.

El cónyuge en el año personal 6 deberá entender que los esfuerzos de su compañero 4 no tienen nada que ver con un distanciamiento sentimental. Por lo tanto, deberá procurar estar a su lado cuando le necesite y vivir este momento en toda su plenitud afectiva. También conviene que evite que los celos invadan su corazón ante las acciones exteriores y positivas que pueda realizar su pareja.

Uno se encuentra en el año personal 4 y el otro, en el 7

Durante este año, ambos deberán realizar un esfuerzo de comunicación. Busquen el diálogo, expresen sus sentimientos y no se guarden para sí sus pensamientos. Las vibraciones del cónyuge en el año personal 4 serán intensas en el terreno profesional, mientras que las de su pareja 7 lo serán en el plano intelectual. Intercambien sus fuerzas y no oculten su sensibilidad. Tampoco descuiden los ámbitos afectivos y sentimental. Den rienda suelta a su capacidad de expresión a través de los pensamientos, las palabras y los actos concretos.

Será necesario que cada uno respete la libertad del otro. Durante este año, el 4 se mostrará bastante materialista e intentará ascender en su profesión, mientras que su pareja 7 se centrará en la búsqueda interior y la reflexión, de modo que tendrá más dificultades para concretizar sus pensamientos en acciones directas.

Durante este periodo, ambos podrán beneficiarse de las habilidades del otro, pero para ello tendrán que aprender a reconocerlas.

Uno se encuentra en el año personal 4 y el otro, en el 8

Este año tendrán que revisar sus finanzas, asumir el simbolismo del dinero y aumentar su presupuesto. Esta combinación numérica les obligará a mejorar su capacidad de negociación.

El cónyuge en el año personal 8 enseñará a su pareja a mejorar su competencia profesional, sublimar el trabajo y progresar.

Este periodo será más favorable para el 8 que para el 4. Será importante que no vivan únicamente en el plano material y que no se nieguen el cariño que ambos necesitan.

Su armonía constitutiva podría peligrar porque existe la posibilidad de que, sin darse cuenta, consuman sus energías recíprocas y se sientan mal. En definitiva, durante este periodo será esencial que se comuniquen y expresen sus sentimientos.

Uno se encuentra en el año personal 4 y el otro, en el 9

Esta combinación será complicada, puesto que iniciará un periodo de transformación que ambos cónyuges deberán asumir, sin sufrimiento. La vida supone una evolución continua, y los problemas llegan cuando somos incapaces de integrar en lo más profundo de nuestro ser esta necesidad de la conciencia. Por lo tanto, aunque este año les tenga reservadas algunas sorpresas desagradables, será esencial que aprovechen la adversidad para reflexionar, tanto de forma personal como en pareja, sobre los motivos de tan dura prueba. Retrocedan un paso para ver las cosas con perspectiva.

El materialismo del cónyuge en el año personal 4 enervará al 9, que se mostrará excesivamente humanitario, idealista y soñador. Para poder progresar hay que conseguir cierto equilibrio material, de modo que el 9 deberá aprender a convivir con los aspectos prácticos de la vida cotidiana, a no vivir por encima de sus posibilidades y a conocer los meandros de su alma. La capacidad de autodisciplina de su pareja 4 le ayudará a valorar su potencial.

El cónyuge en el año personal 4 tendrá que aprender a ver más allá de sus narices y aprovechar la generosidad y la visión global de su pareja para entender la vida de un modo distinto, más esotérico. No deberá ser tan metódico y aceptar lo irreal como la manifestación lógica de su contrario: lo real. Además, deberá realizar un esfuerzo para no huir de la evolución ni de las lecciones que le impongan tanto la vida como su propio comportamiento.

Año personal 5

Ambos se encuentran en el año personal 5

Será un año muy intenso a nivel de vibraciones. El número 5 representa la energía completa (masculina y femenina). Durante este periodo, nuevos pensamientos ocuparán la mente de ambos cónyuges, y deberán meditar sobre ellos, comprenderlos, analizarlos y aplicarlos. Invertirán una gran cantidad de tiempo en modificar, transformar y provocar cambios.

Ambos desearán conocer nuevas personas y desplazarse, viajar, incluso al extranjero. Puede que también decidan mudarse o realizar obras para mejorar su hogar.

En el ámbito laboral, la situación será fluctuante y podrían producirse cambios. No deberían sorprenderles los traslados ni las promociones profesionales, si eso era lo que deseaban el año anterior.

El hecho de que ambos cónyuges se encuentren en el año personal 5 puede despertar un deseo de aventura o una necesidad de plenitud sexual distinta. Este número incidirá en su concepción de los valores morales tradicionales, de modo que deberán canalizar todo ello para que su equilibrio no se vea perturbado.

Si su relación de pareja es inestable desde hace tiempo, esta fuerte necesidad de romper con el pasado podría tener consecuencias negativas.

Uno se encuentra en el año personal 5 y el otro, en el 6

El cónyuge en el año personal 5 iniciará una fase de transformación impulsada por su necesidad de evolucionar. También sentirá grandes deseos de libertad y de autonomía. Por su parte, el cónyuge en el año personal 6 sentirá una gran necesidad de consuelo, ternura y pruebas de afecto. Esta ambigüedad exigirá que ambos realicen un esfuerzo conjunto para que su relación evolucione positivamente.

A pesar de su sed de aventuras y acción, el 5 deberá participar en las obligaciones familiares y reconfortar a su pareja. Por su parte, el 6 tendrá que aceptar la necesidad de independencia de su compañero y no reprocharle sus constantes idas y venidas. También deberá prepararse para los posibles cambios que puedan sucederse en su vida.

Además, el 5 deberá evitar las frivolidades, que inquietarían, con razón, a su pareja 6.

Uno se encuentra en el año personal 5 y el otro, en el 7

La vitalidad del cónyuge en el año personal 5 puede herir a su pareja 7, que este año iniciará un periodo de retirada, se encerrará en sí misma y tendrá dificultades para soportar la agitación de su compañero. Deseará que reine la calma para poder hacer introspección, sentirá la necesidad de recogerse en un rincón tranquilo para leer, estudiar, aprender y enriquecerse. En cambio, el cónyuge en el año personal 5 necesitará moverse, pasar a la acción y entablar nuevas amistades. Por lo tanto, será necesario que ambos realicen un esfuerzo conjunto para aceptar temporalmente sus diferencias.

Será un buen año para los desplazamientos, las mudanzas y los viajes. Eviten comportarse con mezquindad, puesto que los reproches no conducen a nada bueno. El cónyuge en el año personal 7 debería extraer de su capacidad de reflexión el tipo de actitud positiva necesario para que este periodo se desarrolle sin problemas. También debería ser más flexible y arriesgado.

Uno se encuentra en el año personal 5 y el otro, en el 8

La agitación y la desenvoltura del cónyuge que atraviesa un año personal 5, combinadas con las inquietudes materiales de su pareja 8, serán motivo de tensión.

Durante este periodo, cada uno podrá aprender algo del otro. El 8 debería aprovechar la energía del 5 para desdramatizar las situaciones, y este, por su parte, debería aprender de aquel cómo analizar de forma más metódica las situaciones para calmar su agitación. Esto evitaría que ambos se sintieran heridos e incomprendidos, y, por lo tanto, ahorraría muchas preocupaciones.

Es aconsejable que, durante este año, ambos muestren un espíritu abierto e intenten adaptarse a los cambios de última hora. Es muy posible que realicen muchos desplazamientos, que contribuirán a incrementar su campo de acción y de reflexión.

Uno se encuentra en el año personal 5 y el otro, en el 9

El idealismo creciente del cónyuge en el año personal 9, combinado con la impulsividad del 5, hará que esta pareja deje de tener los pies en el suelo. Durante este año será necesario que establezcan un plan de acción concreto para que su relación no se tambalee.

Es posible que el 5 reciba una oferta para viajar al extranjero o trasladarse a bastante distancia de su residencia actual. Sea como sea, recuerden que ambos deberán mantener los pies en el suelo.

Esta combinación es muy delicada porque ninguno de los dos posee vibraciones materiales. Por lo tanto, ambos deberán controlar sus deseos de dispersarse y construir castillos en el aire.

El cónyuge en el año personal 5 deberá realizar un esfuerzo por comprender mejor los ideales de su pareja 9. Esta, por su parte, tendrá que aceptar la necesidad de libertad de su compañero 5.

Será esencial que ambos recurran al diálogo para expresar sus deseos más profundos y sus proyectos vitales.

Año personal 6

Ambos se encuentran en el año personal 6

Este año será especialmente importante a nivel familiar y conyugal, puesto que les permitirá poner de relieve su afecto y la profundidad de sus sentimientos. Será un periodo favorable para reforzar los vínculos que les unen, asumir nuevas responsabilidades y aceptar ciertos sacrificios. Se mostrarán muy solícitos con sus hijos y sus allegados, que acudirán a ustedes en busca de consejo y apoyo. No duden en echarles una mano. Durante este año personal 6 sería conveniente que olvidaran un poco su ego y dedicaran su tiempo a los demás. Intenten aportar armonía a su vida sentimental para que su relación no se vea perturbada.

Si existen fricciones importantes entre ambos, durante este año serán conscientes de los problemas, y es muy probable que acaben tomando la decisión de separarse. Intenten resolver sus conflictos individuales o familiares, incluso aquellos que hagan referencia a la infancia. Controlen sus emociones, pues, de lo contrario, estas se volverán en su contra y les causarán problemas de salud.

Ambos se mostrarán especialmente emotivos y necesitarán que el otro les demuestre su afecto. Sin embargo, recuerden que para recibir amor también hay que darlo.

Uno se encuentra en el año personal 6 y el otro, en el 7

El cónyuge en el año personal 6 vivirá una etapa muy importante en el campo de las relaciones emotivas y afectivas. Las vibraciones del 7, en cambio, incidirán en los planos intelectual y espiritual.

Se trata de una combinación excelente que les permitirá encontrar un equilibrio.

El cónyuge en el año personal 6 aportará profundidad a los sentimientos de su pareja 7, mientras que esta le ayudará a controlar mejor sus emociones. Las motivaciones de ambos tendrán bases diferentes, pero se complementarán. Sin embargo, el diálogo será muy necesario.

El 7 deberá realizar un esfuerzo de comunicación y tendrá que reprimir sus deseos de retirarse a su torre de marfil. También sentirá una gran necesidad de calma para poder reflexionar y evolucionar. Todo aquello que haga referencia a la espiritualidad le será muy favorable. El 6 debería volverse hacia los demás para brindarles su apoyo y ayuda. Durante este periodo también debería trabajar su capacidad de amar, de entrega y de asunción de responsabilidades.

Uno se encuentra en el año personal 6 y el otro, en el 8

Debido a esta combinación numérica, el cónyuge en el año personal 8 deberá dedicar numerosas muestras de afecto a su pareja 6, que durante este año podría mostrarse susceptible y agresiva debido a su gran necesidad de afecto. El cónyuge en el año personal 8 se concentrará en los problemas materiales, así que su pareja 6 deberá realizar un esfuerzo por comprender que si trabaja tanto es por el bien común. Es más, el 8 se sentirá herido si su pareja no reconoce los esfuerzos que realiza en el terreno laboral.

Ambos deberán aceptar el ritmo del otro y dialogar con frecuencia para que no surjan, inconscientemente, rencores.

Este año será constructivo para ambos y les permitirá mejorar sus condiciones de vida.

Uno se encuentra en el año personal 6 y el otro, en el 9

Durante este año ambos se dejarán llevar por el corazón, pues compartirán la misma necesidad de seguridad afectiva. Si no son capaces de ayudarse el uno al otro, busquen ayuda en una tercera persona de confianza con la que puedan compartir sus frustraciones más íntimas. Si en el pasado supieron estructurar correctamente el plano afectivo, es muy posible que se establezca una corriente armoniosa durante este periodo.

También es probable que la suerte llame a su puerta si realizan un esfuerzo mínimo por construir una relación sólida.

Durante este año deberán mostrarse más concretos y constructivos. Además, no deberán permitir que las emociones negativas les asfixien.

Año personal 7

Ambos se encuentran en el año personal 7

Esta combinación resulta bastante complicada en cuanto a vibraciones. Ambos vivirán un año de introspección y búsqueda espiritual. De hecho, este nuevo proceso intelectual puede impulsarles a retomar los estudios o profundizar sus conocimientos en diferentes campos. Será un año excelente para estudiar ciencias, ya sean puramente experimentales, humanas o metafísicas.

Sin embargo, deberán controlar la tensión nerviosa e intentar no distanciarse en exceso de las cosas concretas y materiales de la vida. Necesitarán calma y serenidad. Además, tendrán ciertas dificultades para compartir sus ideas con los demás. Será importante que se obliguen a sí mismos a mantener un diálogo amoroso.

Uno se encuentra en el año personal 7 y el otro, en el 8

Se trata de una combinación numérica sumamente delicada. El cónyuge en el año personal 7 sentirá la necesidad de evolucionar desde el punto de vista intelectual y espiritual, mientras que su pareja 8 centrará sus esfuerzos en ascender profesionalmente y adquirir riquezas materiales.

El diálogo resultará difícil, y esto podría generar tensiones. Sin embargo, si durante los años anteriores, sobre todo en el año personal 6, supieron estrechar su vínculo amoroso, serán capaces de recurrir a la diplomacia para mantener su relación en buen estado.

No intenten rivalizar el uno con el otro. Durante todo este año, ambos deberán mostrarse muy flexibles.

El cónyuge en el año personal 8 será capaz de tomar grandes decisiones a nivel material, que ayudarán a su pareja 7 a avanzar. Por lo tanto, será vital crear un ambiente distendido que no obstaculice las buenas intenciones y las decisiones acertadas de ambos.

Uno se encuentra en el año personal 7 y el otro, en el 9

Esta combinación numérica puede resultar compleja debido a la agitación intelectual del 7 y el idealismo emocional del 9. El cónyuge en el año personal 9 deberá realizar un esfuerzo por comprender a su pareja 7. Asimismo, tendrá que reprimir el impulso de vivir este año de un modo demasiado abstracto y recordar que si realiza un mínimo de acciones concretas y organiza bien sus proyectos futuros, le resultará más sencillo iniciar de forma positiva el nuevo ciclo de nueve años. Durante este periodo, el cónyuge en el año personal 7 emprenderá una búsqueda intelectual movido por su necesidad de desarrollarse a nivel espiritual. Sin embargo, no deberá descuidar las exigencias afectivas de su pareja.

Será necesario que ninguno de los dos intente romper el diálogo y que compartan sus sentimientos más profundos y las motivaciones que les impulsarán durante este año.

Año personal 8

Ambos se encuentran en el año personal 8

Ambos atraviesan un año personal material que puede comportar grandes mejoras en sus condiciones de vida y de trabajo. Aunque estarán demasiado centrados en la evolución de su carrera o en los bienes materiales, recuerden que no deberán relegar su vida afectiva y sentimental a un segundo plano.

Será importante que ambos se muestren solidarios. Ayuden a los demás o realicen algún gesto humanitario, y resérvense un tiempo a solas para hablar del amor que comparten.

Uno se encuentra en el año personal 8 y el otro, en el 9

Durante este año, el cónyuge en el año personal 8 deberá reprimir su necesidad de hablar continuamente sobre cuestiones financieras o materiales con su pareja 9, que terminará por hartarse de su excesivo pragmatismo. En este periodo, el cónyuge en el año personal 9 se mostrará menos activo e idealista. Además, sentirá la necesidad de ayudar a los demás. Su pareja 8 deberá comprenderlo e incluso apoyarlo en su voluntad de acción, que en ocasiones desfallecerá. También deberá ayudarlo a ver las cosas con más claridad, con el objetivo de que pueda iniciar su año personal 1 con las pilas cargadas.

El cónyuge en el año personal 9 deberá realizar un esfuerzo por comprender que su pareja conceda prioridad a sus asuntos durante este año. Sería conveniente que ambos dedicaran un tiempo a su vida de pareja para crear nuevos proyectos.

Año personal 9

Ambos se encuentran en el año personal 9

Durante este año, ambos sentirán una gran necesidad de hacer limpieza a todos los niveles. Deberán aprovechar al máximo este periodo para hacer balance de sus relaciones profesionales, familiares, afectivas e intelectuales, así como para tomar las decisiones y las resoluciones que sean necesarias.

Tendrán dificultades para iniciar acciones concretas de forma inmediata, pues necesitarán reflexionar largo y tendido.

En definitiva, será un año que les resultará bastante duro, puesto que, por otra parte, no les aportará ningún tipo de seguridad material.

Los grandes acontecimientos de la vida

Fundar un hogar significa construir la propia vida, la de la pareja y los futuros hijos. También quiere decir elaborar un plan de vida y hacer proyectos.

Para que este proceso pueda desarrollarse de forma positiva y en las mejores condiciones, preste atención a los secretos numerológicos que se desvelarán en las siguientes páginas.

Quienes estudiamos la ciencia de los números debemos realizar un esfuerzo personal para percibir todo su potencial, puesto que la numerología es un medio que permite responder a las grandes cuestiones de la humanidad: ¿por qué he nacido?, ¿para qué?, ¿cuál es mi misión?

Si escribo libros sobre numerología es porque percibo la gran riqueza de la humanidad e intento transmitir mis conocimientos e intuiciones sobre el tema. Sin embargo, es esencial que comprenda que nadie podrá servirle nunca la felicidad en bandeja.

A través de mis obras, yo sólo puedo intentar abrirle los ojos, aconsejarle a nivel global y explicarle lo importante que es que gestione su personalidad y sus ritmos. Es usted quien debe trabajar sobre su vida, ya sea de forma personal o en grupo, para poder evolucionar, disfrutar de su verdadera existencia y alcanzar su plenitud o nirvana, como lo llaman los budistas.

Una vez dicho esto, cabe añadir que todas las vidas siguen el mismo camino; es decir, todos vamos de la cuna a la sepultura. Ambas palabras poseen un mismo valor simbólico: hogar, seguridad. La cuna alude al nacimiento, al igual que la tumba, que es el inicio de una nueva vida. De hecho, los egipcios poseían grandes conocimientos sobre los misterios de la vida y concedían más privilegios a su última morada que a su propio hogar.

Durante el breve lapso de tiempo que nos ha sido confiado entre el nacimiento y la muerte (renacimiento), a todos nos llega el día en que empezamos a trabajar, nos enamoramos, vivimos en pareja, superamos una serie de pruebas, sufrimos la pérdida de un ser querido, traemos hermosos bebés al mundo, nos convertimos en padres... Es decir, todos somos felices y después infelices, pues así es la vida, con sus alegrías y sus reveses.

Basándome en mi trabajo personal con los números, he llegado a la conclusión de que, como regla general, los grandes acontecimientos se producen bajo la influencia de un choque vibracional muy concreto (la interacción numérica de los diversos números que revela un estudio cíclico avanzado).

La personalidad también desempeña una función importante, puesto que hace que la balanza se decante hacia el lado positivo o hacia el negativo.

Lo ideal es que se mantenga en equilibrio, algo que se consigue cuando uno trabaja sobre sí mismo, pues el equilibrio de los dos platos de la balanza favorece el paso de las energías vibracionales que simbolizan los números.

Es entonces cuando el acontecimiento se desarrolla con suavidad, como una consecuencia lógica. Y eso ocurre un buen día, como por azar. Sin embargo, en la Creación no hay nada que se haya dejado a la casualidad. Todo está estructurado y organizado, aunque sólo los matemáticos pueden explicar estos fenómenos.

Al combinar los números de los años personales y los ciclos mensuales, el resultado genera una tendencia en los acontecimientos que podría analizarse en mayor profundidad calculando el choque vibracional entre el año universal, el mes del calendario, el mes y el día personales, etc.

Ámbito profesional

El primer empleo

El gran arranque de la vida profesional tiene lugar durante los años personales 1 o 4 (el que esté más próximo a los 27 años de edad). Los cuatro ciclos mensuales que lo cruzan aportan indicaciones sobre el tipo de actividad que se realizará y el modo en que se llevará a cabo. El inicio exacto de la actividad se situará en el momento en que se alineen un 1 y un 4 (véase la tabla de las vibraciones numerológicas de la página 147). Para saber si la actividad elegida se corresponde con nuestras tendencias profundas se puede realizar el denominado test orientativo, es decir, un estudio en profundidad sobre la personalidad. También sería muy enriquecedor realizar una comparación cíclica y de personalidad con las personas que formarán parte de nuestro ambiente socioprofesional. En mi opinión, estos cálculos constituyen un estudio del barómetro social de la empresa, puesto que su conocimiento contribuye a mejorar la comunicación y la cooperación en el trabajo, y al mismo tiempo evita los conflictos sociales que repercuten en la empresa y en la vida privada.

La gran realización en la vida profesional y en los proyectos

Este año tan importante se corresponde con el número del camino de vida más próximo a los 33 años de edad. El gran proyecto se pondrá en marcha durante el mes en el que aparezca un 1 en su cuadro de vibraciones. El ciclo mensual personal que cruzará este mes indicará el tipo de acción que se iniciará. Será necesario que tenga en cuenta el valor del gran ciclo productivo que atravesará este periodo tan importante de su vida, así como su número de carácter y los detalles de su personalidad.

Es importante que averigüe si durante el mes siguiente a su mes personal 1 se encuentran los números más fuertes que le caracterizan, pues esto le ayudará a comprender la finalidad de su vida.

Crear una empresa, trabajar por cuenta propia

Un año personal 1 con un ciclo mensual 3 o un año personal 3 con un ciclo mensual 1 serán los mejores años para crear una empresa. La experiencia demuestra que cualquier negocio iniciado durante un año personal 4 y bajo un ciclo personal 9 está destinado al fracaso.

Si los ciclos mensuales 1 o 3 van seguidos de un ciclo mensual 4, la actividad remontará el vuelo con rapidez. Un ciclo mensual 6 auspiciará problemas administrativos, jurídicos y financieros, mientras que un 5 bajo un año personal 3 aludirá a una gran creatividad en todos los campos. Para que el proyecto pase a la fase de realización se necesitará una vibración 1. Si la fecha prevista de creación está precedida por un ciclo mensual personal de valor 7 significará que se llevará a cabo un proceso de formación. Este ciclo será favorable para las negociaciones económicas y los planes de financiación.

Un ciclo mensual personal 2 en un año creativo resaltará el carácter asociativo de la empresa, es decir, que se asociará con otra persona o trabajará con su cónyuge o algún miembro de su familia.

La empresa de su propiedad o aquella para la que trabaja también poseen su propia fecha de nacimiento. Busque en la documentación la fecha oficial del inicio de actividad, remítase al cálculo del número del camino de vida para descubrir todos los ciclos de la empresa y aprenda a compararlos con sus propios ritmos para evaluar las posibilidades de expansión.

Las mejores vibraciones para abrirse a nuevos mercados están contenidas en los años personales de la empresa 1 o 4.

Para lanzar nuevos productos o abrirse a nuevos mercados, las campañas publicitarias y las estrategias de comunicación triunfarán en un año personal de empresa o un ciclo mensual de empresa 3.

El nombre de la empresa, la marca, el logotipo y el nombre del producto también son elementos que emiten vibraciones y que pueden ser estudiados por la numerología. Los numerólogos pueden determinar la fecha más propicia para la creación de una empresa en función del tipo de actividad proyectado, así como recomendar un nombre y desaconsejar otro.

Cambiar de trabajo, ascender, encontrar trabajo

Durante un año personal 4 le resultará más sencillo materializar sus deseos. Por lo general, tendrá que pasar por un ciclo mensual 9, que indicará la ruptura con el trabajo anterior, seguido de forma inmediata por un ciclo mensual 1, que marcará el reinicio de la actividad. En un caso límite, el cese del trabajo anterior puede producirse bajo las combinaciones numéricas 7/8 o 5/5, que indicarán que la ruptura con la empresa ha sido difícil, ya sea por un despido o por cualquier otra razón.

Si entre el ciclo de finalización de la actividad y el de reinicio aparece un ciclo mensual personal 8, será bastante probable que pase una temporada en paro. Esta situación podrá alargarse hasta que aparezca un ciclo 1 o 4, pues la vibración 1/4 siempre indica transformación, inicio de actividad en cualquier campo. (También puede presentarse con la forma inversa: 4/1). Este choque vibracional será muy importante para las personas desempleadas, pues indicará una fuerte posibilidad de volver a encontrar trabajo. Evidentemente, no deberán mantenerse estáticos durante el paso de estos números, sino que tendrán que actuar de forma eficiente.

Un ciclo personal 5 que atraviese un año personal 4 le dirigirá esencialmente hacia un trabajo temporal o estacional. En este caso, el ciclo irá seguido de una vibración 4/9, que indicará la pérdida del empleo tras ese periodo de actividad concreto.

El momento óptimo para ascender a nivel laboral es el año personal 6, que equivale a la asunción de nuevas responsabilidades. Sin embargo, los ascensos también son posibles durante los años personales 1 o 4, con el cruce de vibraciones 6.

Contratar personal

Las empresas suelen contratar a sus empleados durante los años personales de la empresa 1, 2, 3, 4 y 5. Durante el año personal 1 se tratará esencialmente de cubrir los puestos de alto nivel. En el año personal 2 se ofertarán puestos destinados a colaboradores y ayudantes (secretariado), así como a nuevos socios, puesto que este es el año de las fusiones entre empresas. En el año personal 3, la empresa se dirigirá principalmente a agentes exteriores que dominen las técnicas de la comunicación, la orientación y el *marketing*. En el año personal 4, la empresa intentará rodearse de personal cualificado que se encargue de la organización y la gestión. Sin embargo, si se encuentra en un año personal 4 con un ciclo mensual 9, se producirá una reducción de plantilla. En el año personal 5, la contratación será principalmente de comerciales. Este periodo suele estar caracterizado por los cambios.

La empresa atravesará tiempos difíciles durante el año personal 7 con un ciclo mensual 8 o durante el año personal 8 con un ciclo mensual 7.

La jubilación

La fecha más probable de jubilación se corresponde con los años personales 4 o 9 (el que esté más próximo a los 55 años de edad). Por lo general, aparecerá un ciclo mensual 9 durante su año personal 4 o un ciclo mensual 4 bajo su año personal 9.

Ámbito emocional y familiar

Unión sentimental

Los mejores años para encontrar a su alma gemela son los años personales 3, 6 y 1.

Si su año personal 1 atraviesa un ciclo mensual 6 o si su año personal 6 atraviesa un ciclo mensual 3, habrá muchas posibilidades de que la nueva relación le conduzca directamente al altar, aunque para saberlo con certeza sería necesario analizar los ciclos y los años personales de su pareja. Lo ideal sería que su futuro cónyuge se encontrara en los años personales 1 o 2, bajo un ciclo mensual 6, en un año personal 6 bajo los ciclos mensuales 1 o 2, o en un año personal 3 bajo los ciclos mensuales 1, 2, 3 o 6.

Un ciclo mensual 9 o un año personal 9 indicarán la existencia de dudas referentes a la continuidad del romance.

Un encuentro afectivo seguido de ciclos fuertes podría dar paso a separaciones (combinaciones numéricas 5/5, 13/4 o 7/8).

A nivel afectivo, tanto el año personal 5 como el ciclo mensual 5 suelen ser más frívolos que constructivos.

Matrimonio o vida en pareja

Por lo general, las parejas deciden casarse o irse a vivir juntas durante un año personal 6, 2 o 9, normalmente acompañado de un ciclo mensual 2. Un año personal 2 (y en ocasiones 8) acompañado de un ciclo mensual 1 indicará ciertas dificultades administrativas, materiales o notariales.

Embarazo

El momento más propicio para quedarse embarazada es el año personal 3 durante un ciclo mensual 5 o el año personal 5 durante el ciclo mensual 3. En ocasiones, el embarazo lo indicará la vibración numérica 1/7. Será conveniente comprobar si al cabo de nueve meses encontrará una vibración 3/5 o 1/7, que anunciará el nacimiento.

Por lo general, las mujeres que se quedan embarazadas durante un ciclo personal mensual 8 tienen un embarazo difícil.

Traslado, compra de una vivienda

Una persona suele cambiar de residencia cuando se da una combinación numérica 5/7 o 1/8. La combinación 1/8, junto con la presencia de 1/7, indicará la compra de una vivienda. Si también aparece la combinación 6/8, se tratará de la construcción de un hogar. Durante un año personal 6 con un ciclo mensual 8 se suelen realizar obras de mejora en el hogar.

Separación, divorcio

Mi experiencia en numerología me indica que las personas suelen divorciarse durante un año personal 8 o durante un ciclo mensual personal del mismo valor. El número 8 se corresponde con las negociaciones de carácter legal o administrativo. En ocasiones, el divorcio lo propicia un año personal 9 acompañado de un ciclo mensual 8, o viceversa.

Evidentemente, la vibración sólo entrará en acción en el plano afectivo cuando exista un clima matrimonial desfalleciente. Además, será necesario analizar las vibraciones cíclicas del cónyuge para saber si se trata de un problema temporal que tiene solución o si realmente es algo definitivo e irremediable.

La separación de una pareja suele tener lugar durante un año personal 5 con un ciclo mensual 5 o durante un año personal 4 con un ciclo mensual 9. Estas vibraciones indican una ruptura y se canalizan por el plano sentimental cuando la relación es tumultuosa.

Las parejas que experimenten problemas durante el proceso jurídico de su divorcio pueden examinar sus vibraciones para seguir los acontecimientos clave y conocer las fechas más favorables. Cada vez que aparezca una relación numérica 9/8 en su tabla de vibraciones numéricas sabrán que se ha superado una etapa: juicio de separación, conciliación, divorcio, apelación, órdenes contradictorias, modificación de la pensión alimenticia, etc.

Si el procedimiento es largo, es posible que culmine durante los años personales 9, 2 o 6 del nuevo giro de la rueda numérica. Recuerde que los años personales evolucionan del 1 al 9, para confeccionar un primer ciclo, antes de regresar a la casilla de partida para iniciar un nuevo ciclo de nueve años.

Inspección judicial o fiscal

Hay muchas posibilidades de que se realice una inspección judicial o fiscal durante el año personal 8 de la empresa o, en caso de ser artista o ejercer una profesión liberal, durante un año personal 8. Por lo tanto, deberá ponerse manos a la obra y verificar sus cuentas.

Una fuerte presencia de la vibración 9/7 indicará una rectificación fiscal en su contra, mientras que si es la vibración 1/7, se tratará de una rectificación fiscal a su favor.

Accidentes de circulación y catástrofes naturales

Existirá un alto riesgo de sufrir accidentes durante un año personal 4 con la presencia de un ciclo mensual 4, así como bajo las vibraciones 7/8 y 5/5. Por lo tanto, compruebe el estado de su vehículo, sea prudente y no conduzca si ha bebido alcohol. Intente relajarse, sobre todo si se aproxima a un año personal 9 con un ciclo mensual 8, o viceversa. ¡Más vale prevenir que curar!

Los vehículos y demás medios de transporte pronto estarán dotados de un sistema de repulsión magnética de los obstáculos, de modo que el riesgo de accidente será prácticamente nulo..., siempre y cuando el hombre siga siendo el dueño de sus creaciones, es decir, de las máquinas.

Sería conveniente que los responsables de las empresas tuvieran en consideración este periodo de intenso riesgo laboral. Para ello, deberían analizar las vibraciones cíclicas de sus empleados, así como las de la empresa. Esto les permitiría reforzar los controles y las medidas de seguridad antes de que se produjera una catástrofe, y no después.

La compañía Boeing atravesó un ciclo de elevado riesgo laboral cuando perdió tantos aviones y causó accidentalmente la muerte de tantas personas que, sin duda, también se encontraban en un periodo crítico. Lo mismo puede decirse de otros accidentes aéreos y ferroviarios.

Para gestionar las catástrofes naturales sería necesario anticipar y aprender a dominar no sólo los ciclos de la Tierra, sino también los del universo del que depende. Sin embargo, nuestras industrias generan contaminación de todo tipo, así como ondas que interfieren en la acción benéfica de las ondas cósmicas sin que nadie parezca preocuparse por este tema.

El desempleo

El desempleo alcanzó una tasa muy elevada durante los años ochenta debido a que el número 8 estuvo presente a lo largo de nueve años. El 9, que tiende a la universalidad, hizo que los años noventa trajeran consigo una serie de soluciones frente a la globalización, sobre todo en los ámbitos de la comunicación, los intercambios internacionales, los idiomas, la educación, la formación y el turismo, gracias a las nuevas tecnologías y la aparición de internet y el teléfono móvil.

Los primeros años del siglo XXI, por su parte, se dirigen hacia la ayuda humanitaria y las acciones caritativas.

La enfermedad

Todos acabamos poniéndonos enfermos un día u otro porque no sabemos vivir en completa armonía con nuestros tres planos: espiritual-intelectual, afectivo-emotivo y físico-material.

Los altibajos de la sociedad moderna nos causan estrés, una enfermedad psicosomática que puede llegar a incapacitarnos. El consumismo excesivo destruye nuestra riqueza espiritual e intelectual, pues todos deseamos poseer y comprar cuanto más, mejor. Y la industrialización nos seduce con la contaminación que genera. Sin embargo, las tribus de la selva, al no destruir su entorno, desconocen la existencia de estas enfermedades, que son la plaga de nuestra civilización moderna.

Si no vive en armonía, las probabilidades de enfermar se incrementarán durante un año personal 4 con un ciclo mensual 9, durante un año personal 9 con un ciclo mensual 4 o durante el paso de una vibración 4/9. En ocasiones, la enfermedad también podrá llegar bajo la influencia de una vibración 7/8 destructiva.

Las operaciones quirúrgicas suelen tener lugar durante un año personal 8 con un ciclo mensual 4, o viceversa. Sin embargo, cabe señalar que la nueva técnica de radiología intervencionista pronto reemplazará, afortunadamente, al bisturí.

Los responsables de una empresa podrían paliar la ausencia de sus empleados calculando los periodos propicios a las bajas por enfermedad. Para ello, deberían tener en cuenta los años personales de los empleados y los de la empresa. La reanudación de la actividad tras una baja por enfermedad se caracteriza por la vibración 1/4.

Las enfermedades graves, como el cáncer o el sida, se encuentran bajo una intensa presencia de la vibración numérica 6/6. La depresión nerviosa, por su parte, se corresponde con una vibración 2/2 mal vivida. De todos modos, todavía no he podido estudiar estos problemas en profundidad y, por lo tanto, no estoy capacitada para hablar de ellos de forma objetiva.

Estos son algunos de los secretos que revelan los cálculos numerológicos, pero hay muchos otros. Recuerde, no obstante, que para comprender bien un año personal es necesario examinar el conjunto de ciclos mensuales personales que se atraviesan y los choques vibracionales que se producen.

Aunque puede recurrir a la numerología para gestionar mejor su vida y su personalidad, le aconsejo que no la use sobre otras personas antes de haber aprendido todos sus secretos. Para ser numerólogo se necesita una formación especial y, si se carece de esta, las acciones se vuelven en nuestra contra. Por cierto, este consejo también se dirige a aquellas personas que utilizan los escritos numerológicos sin ser numerólogos.

Ejemplos
de análisis en
profundidad

Para que pueda apreciar mejor las técnicas de la numerología de la pareja y las relaciones humanas en su conjunto, en las páginas siguientes encontrará los cálculos básicos que utilizo para mis análisis. Estos cálculos se han realizado con un programa informático desarrollado en el año 1986 con el objetivo de facilitar el trabajo y evitar posibles errores.

Me he visto obligada a ilustrar estos datos con ejemplos inventados, pero supongo que se entiende perfectamente que no esté autorizada a divulgar los secretos de las consultas.

Estos cálculos numéricos son simples, fáciles y accesibles, puesto que la dificultad reside en la calidad de la interpretación. Aquí sólo cuentan la experiencia y la intuición. Es imprescindible manejar con destreza todos los datos numéricos de un tema y extraer de ellos una síntesis racional. También es necesario jerarquizar los cálculos, es decir, conceder prioridad a los números más importantes y clasificar los que tienen una influencia secundaria en el marco de toda una personalidad o toda una vida. En definitiva, hay que conseguir una síntesis racional que deje el campo libre a la intuición, pero también a lo que ha vivido la persona estudiada, pues las decisiones personales son las que van dando forma a la vida.

Como suelo decir (o, mejor dicho, escribir), la numerología no es un cálculo frío, sino la ciencia sobre la que el individuo puede apoyarse para mejorar su destino y su evolución. De hecho, el principal rasgo intelectual de un numerólogo es su espíritu de análisis y de síntesis.

Pero centrémonos en los ejemplos. Para ilustrar mi método he decidido presentar a cuatro personajes totalmente ficticios: Anne Marie Nondin, nacida el 8 de marzo de 1948; Daniel Baguet, nacido el 12 de junio de 1947; Clément Dupont, nacido el 18 de enero de 1950, y Robert Perrin, nacido el 24 de diciembre de 1949. Anne-Marie se enfrentará a una dura prueba sentimental en 2016 y conocerá a estos caballeros durante su año personal 3 (2017). ¿Cuál de ellos se amoldará mejor a sus números de personalidad? ¿Habrá un acuerdo cíclico?

En primer lugar, repasaremos brevemente la vida de Anne-Marie a través de sus ciclos, sus realizaciones y sus tablas de vibraciones anuales. Después nos centraremos en su personalidad y en la compatibilidad caracterial y cíclica que mantiene con Daniel, Clément y Robert. Finalmente, deduciremos con cuál de los tres existe más armonía y hasta qué punto podrían mantener una relación armoniosa.

Para quienes ya practiquen la numerología, estos ejemplos supondrán un buen ejercicio de aplicación práctica.

Nombre: **Anne-Marie**
Apellido: **Nondin**
Fecha de nacimiento: **8 de marzo de 1948**

Número de carácter

```
        A N N E M A R I E      N O N D I N
consonantes:  5 5   4   9       5   5 4   5  = 42
vocales:    1   5 1 9 5       6     9    = 36
            _____      _____
                44        +        34     = 78 = 15 = 6
```

Número del nombre

— número oculto: 44
— número reducido: 8

Número del apellido

— número oculto: 34
— número reducido: 7

Número de introdeterminación
(vocales)
— número oculto: 36
— número reducido: 9

Número de extrodeterminación
(consonantes)
— número oculto: 42
— número reducido: 6

Número de destino
(camino de vida)

```
  1948
+    8
+    3
= 1959 = 24 = 6
```

— número oculto: 24
— número reducido: 6

Número de vida
(número cósmico – número de carácter + número de destino)
— número oculto: 12
— número reducido: 3

```
  1959
+   78
  2037
```

Cociente de los valores numéricos
1 2 3 4 5 6 7 8 9
2 0 0 2 7 1 0 0 3

Pasiones
5 con coeficiente 7

Cualidades
1 con coeficiente 2
4 con coeficiente 2
5 con coeficiente 7
6 con coeficiente 1
9 con coeficiente 3

Defectos
2 3 7 8

Número de reacción ante una nueva idea, un nuevo proyecto o un imprevisto
$9 - 4 = 5$

Número de reacción ante los problemas y las situaciones desagradables
$8 + 8 = 16 = 7$

Número sobre el que se basará la vida
A 1

Números que influyen en el modo de vida
1 2 3 4 5 6 7 8 9
2 0 0 1 4 0 0 0 2
pasiones: 5
dualidad: sí
modo de vida positivo: 1-4-5-9
modo de vida negativo: 2-3-6-7-8
problema principal encontrado en la existencia: 9

Números hereditarios
1 2 3 4 5 6 7 8 9
0 0 0 1 3 1 0 0 1
pasiones: 5
dualidad: sí
modo de vida positivo: 4-5-6-9
modo de vida negativo: 1-2-3-7-8
problema hereditario: 6
La herencia cuenta con estos números para superar las situaciones difíciles.
La señora Nondin reacciona en función del 5 y el 4 para llegar al 1.

Números que se corresponden con las manifestaciones conscientes de la conducta

Gráfico de los cocientes numéricos de las consonantes del nombre
1 2 3 4 5 6 7 8 9
0 0 0 1 2 0 0 0 1 = 23

Gráfico de los cocientes numéricos de las consonantes del apellido
1 2 3 4 5 6 7 8 9
0 0 0 1 3 0 0 0 0 = 19

Números que se corresponden con las manifestaciones inconscientes de la conducta

Gráfico de los cocientes numéricos de las vocales del nombre
1 2 3 4 5 6 7 8 9
2 0 0 0 2 0 0 0 1 = 21

Gráfico de los cocientes numéricos de las vocales del apellido
1 2 3 4 5 6 7 8 9
0 0 0 0 0 1 0 0 1 = 15

Gráfico de todos los cocientes

	Nombre	Apellido
Vocales	1 2 3 4 5 6 7 8 9 2 0 0 0 2 0 0 0 1	1 2 3 4 5 6 7 8 9 0 0 0 0 0 1 0 0 1
Consonantes	1 2 3 4 5 6 7 8 9 0 0 0 1 2 0 0 0 1	1 2 3 4 5 6 7 8 9 0 0 0 1 3 0 0 0 0
Vocales + consonantes	1 2 3 4 5 6 7 8 9 2 0 0 1 4 0 0 0 2	1 2 3 4 5 6 7 8 9 0 0 0 1 3 1 0 0 1
Vocales + consonantes	1 2 3 4 5 6 7 8 9 2 0 0 2 7 1 0 0 3	
Vocales	1 2 3 4 5 6 7 8 9 2 0 0 0 2 1 0 0 2	
Consonantes	1 2 3 4 5 6 7 8 9 0 0 0 2 5 0 0 0 1	

Gráfico de todos los números que forman el carácter

	Anne-Marie	Nondin
V	21	15
C	23	19
V + C	44	37
V + C	44 + 34	
CAR	78 6	

Número de equilibrio que permite afrontar la vida (iniciales)
AN = 1 + 5 = 6

Número de la personalidad profunda o la ambición de la persona (primera letra del apellido)
N 5

Número de expresión del subconsciente (primera vocal)
A 1

Ciclo formativo
Desde 1948 hasta 1979
Desde los 0 hasta los 31 años
— vibración o valor: 3
— número oculto: 3

Ciclo de recolección
Desde 2006 hasta la muerte
Desde los 58 hasta los ? años.
— vibración o valor: 4
— número oculto: 22

$$
\begin{array}{r}
1979 \\
+\ \ 27 \\
\hline
2006
\end{array}
$$

Ciclo productivo
Desde 1979 hasta 2006
Desde los 31 hasta los 58 años
— vibración o valor: 8
— número oculto: 8

$$
\begin{array}{r}
1948 \\
+\ \ 27 \\
\hline
1975
\end{array}
\qquad
\begin{array}{r}
1975 \\
+\ \ 8 \\
+\ \ 3 \\
\hline
1986 = 24 = 6
\end{array}
$$

Primera realización

$$
\begin{array}{r}
+\ \ 8 \\
+\ \ 3 \\
\hline
11
\end{array}
$$

Primera realización (continuación)
— vibración o valor: 11
— número oculto: 11
— duración: 30
— en actividad desde los 0 hasta los 30 años; después, tras los 57 años

Segunda realización

$$
\begin{array}{r}
1948 \\
+\ \ 8 \\
\hline
1956 = 21 = 3
\end{array}
$$

— vibración o valor: 3
— número oculto: 21
— duración: 9 años
— en actividad desde los 30 hasta los 39 años

Tercera realización

$$11$$
$$+ \ \ 12$$
$$\overline{23}$$

— vibración o valor: 5
— número oculto: 23
— duración: 9 años
— en actividad desde los 39
hasta los 48 años

Cuarta realización

$$1948$$
$$+ \ \ \ 3$$
$$\overline{1951} = 16 = 7$$

— vibración o valor: 7
— número oculto: 16
— duración: 9 años
— en actividad desde los 48
hasta los 57 años

TABLA DE LAS VIBRACIONES ANUALES
(ciclos anuales)

Anne-Marie Nondin
nacida el 8/3/1948

	Tabla 1: 1963-1972-1981-1990-1999-2008-2017												Tabla 2: 1964-1973-1982-1991-2000-2009-2018											
MC	1	2	3	4	5	6	7	8	9	10	11	12	1	2	3	4	5	6	7	8	9	10	11	12
AP	3	3	3	3	3	3	3	3	3	3	3	3	4	4	4	4	4	4	4	4	4	4	4	4
MP	4	5	6	7	8	9	1	2	3	4	5	6	5	6	7	8	9	1	2	3	4	5	6	7
CM	7	7	4	4	4	4	4	4	4	4	8	8	8	8	4	4	4	4	5	5	5	5	9	9
VIB	2	3	1	2	3	4	5	6	7	8	4	5	4	5	2	3	4	5	7	8	9	1	6	7

	Tabla 3: 1965-1974-1983-1992-2001-2010-2019												Tabla 4: 1966-1975-1984-1993-2002-2011-2020											
MC	1	2	3	4	5	6	7	8	9	10	11	12	1	2	3	4	5	6	7	8	9	10	11	12
AP	5	5	5	5	5	5	5	5	5	5	5	5	6	6	6	6	6	6	6	6	6	6	6	6
MP	6	7	8	9	1	2	3	4	5	6	7	8	7	8	9	1	2	3	4	5	6	7	8	9
CM	9	9	4	4	4	4	6	6	6	6	1	1	1	1	4	4	4	4	7	7	7	7	2	2
VIB	6	7	3	4	5	6	9	7	8	3	8	9	8	9	4	5	6	7	2	3	4	5	1	2

	Tabla 5: 1967-1976-1985-1994-2003-2012-2021												Tabla 6: 1968-1977-1986-1995-2004-2013-2022											
MC	1	2	3	4	5	6	7	8	9	10	11	12	1	2	3	4	5	6	7	8	9	10	11	12
AP	7	7	7	7	7	7	7	7	7	7	7	7	8	8	8	8	8	8	8	8	8	8	8	8
MP	8	9	1	2	3	4	5	6	7	8	9	1	9	1	2	3	4	5	6	7	8	9	1	2
CM	2	2	4	4	4	4	8	8	8	8	3	3	3	3	4	4	4	4	9	9	9	9	4	4
VIB	1	2	5	6	7	8	4	5	6	7	3	4	3	4	6	7	8	9	6	7	8	9	5	6

	Tabla 7: 1969-1978-1987-1996-2005-2014-2023												Tabla 8: 1970-1979-1988-1997-2006-2015-2024											
MC	1	2	3	4	5	6	7	8	9	10	11	12	1	2	3	4	5	6	7	8	9	10	11	12
AP	9	9	9	9	9	9	9	9	9	9	9	9	1	1	1	1	1	1	1	1	1	1	1	1
MP	1	2	3	4	5	6	7	8	9	1	2	3	2	3	4	5	6	7	8	9	1	2	3	4
CM	4	4	4	4	4	4	1	1	1	1	5	5	5	5	4	4	4	4	2	2	2	2	6	6
VIB	5	6	7	8	9	1	8	9	1	2	7	8	7	8	8	9	1	2	1	2	3	4	9	1

	Tabla 9: 1971-1980-1989-1998-2007-2016-2025											
MC	1	2	3	4	5	6	7	8	9	10	11	12
AP	2	2	2	2	2	2	2	2	2	2	2	2
MP	3	4	5	6	7	8	9	1	2	3	4	5
CM	6	6	4	4	4	4	3	3	3	3	7	7
VIB	9	1	9	1	2	3	3	4	5	6	2	3

Nombre: Daniel
Apellido: Baguet
Fecha de nacimiento: 12 de junio de 1947

Número de carácter

```
              D A N I E L   B A G U E T
consonantes:  4   5    3    2   7     2   = 23
vocales:          1   9 5     1     3 5   = 24
                     27     +      20     = 47 = 11
```

Número del nombre
— número oculto: 27
— número reducido: 9

Número del apellido
— número oculto: 20
— número reducido: 2

Número de introdeterminación
(vocales)
— número oculto: 24
— número reducido: 6

Número de extrodeterminación
(consonantes)
— número oculto: 23
— número reducido: 5

Número de destino
(camino de vida)
  1947
+   12
+   6
= 1965 = 21 = 3

Número de vida
(número cósmico)
— número oculto: 68
(47 + 21)
— número reducido: 5

— número oculto: 21
— número reducido: 3

Cociente de los valores numéricos
1 2 3 4 5 6 7 8 9
2 2 2 1 3 0 1 0 1

Pasiones
5 con coeficiente 3

Cualidades
1 con coeficiente 2
2 con coeficiente 2
3 con coeficiente 2
4 con coeficiente 1
5 con coeficiente 3
7 con coeficiente 1
9 con coeficiente 1

Defectos
6 8

**Número de reacción ante una
nueva idea, un nuevo proyecto
o un imprevisto**
9 – 2 = 7

**Número de reacción ante los
problemas y las situaciones
desagradables**
9 + 12= 21 = 3

Número sobre el que se basará la vida
D 4

Números que influyen en el modo de vida
1 2 3 4 5 6 7 8 9
1 0 1 1 2 0 0 0 1
pasiones: 5
dualidad: sí
modo de vida positivo: 1-3-4-5-9
modo de vida negativo: 2-6-7-8
problema principal encontrado en la existencia: 6

Números hereditarios
1 2 3 4 5 6 7 8 9
1 2 1 0 1 0 1 0 0
pasiones: 2
dualidad: sí
modo de vida positivo: 1-2-3-5-7
modo de vida negativo: 4-6-8-9
problema hereditario: 6
La herencia cuenta con estos números para superar las situaciones difíciles.
El señor Baguet reacciona en función del 4 y el 5 para llegar al 1.

Números que se corresponden con las manifestaciones conscientes de la conducta

Gráfico de los cocientes numéricos de las consonantes del nombre
1 2 3 4 5 6 7 8 9
0 0 1 1 1 0 0 0 0 = 12

Gráfico de los cocientes numéricos de las consonantes del apellido
1 2 3 4 5 6 7 8 9
0 2 0 0 0 0 1 0 0 = 11

Números que se corresponden con las manifestaciones inconscientes de la conducta

Gráfico de los cocientes numéricos de las vocales del nombre
1 2 3 4 5 6 7 8 9
1 0 0 0 1 0 0 0 1 = 15

Gráfico de los cocientes numéricos de las vocales del apellido
1 2 3 4 5 6 7 8 9
1 0 1 0 1 0 0 0 0 = 9

Gráfico de todos los cocientes

	Nombre	Apellido
Vocales	1 2 3 4 5 6 7 8 9 1 0 0 0 1 0 0 0 1	1 2 3 4 5 6 7 8 9 1 0 1 0 1 0 0 0 0
Consonantes	1 2 3 4 5 6 7 8 9 0 0 1 1 1 0 0 0 0	1 2 3 4 5 6 7 8 9 0 2 0 0 0 0 1 0 0
Vocales + consonantes	1 2 3 4 5 6 7 8 9 1 0 1 1 2 0 0 0 1	1 2 3 4 5 6 7 8 9 1 2 1 0 1 0 1 0 0
Vocales + consonantes	1 2 3 4 5 6 7 8 9 2 2 2 1 3 0 1 0 1	
Vocales	1 2 3 4 5 6 7 8 9 2 0 1 0 2 0 0 0 1	
Consonantes	1 2 3 4 5 6 7 8 9 0 2 1 1 1 0 1 0 0	

Gráfico de todos los números que forman el carácter

	Daniel	Baguet
V	15	9
C	12	11
V + C	27	20
V + C	27 + 20	
CAR	47 11	

Número de equilibrio que permite afrontar la vida (iniciales)
DB = 4 + 2 = 6

Número de la personalidad profunda o la ambición de la persona (primera letra del apellido)
B 2

Número de expresión del subconsciente (primera vocal)
A 1

Ciclo formativo
Desde 1947 hasta 1972
Desde los 0 hasta los 25 años
— vibración o valor: 6
— número oculto: 6

Ciclo de recolección
Desde 1999 hasta la muerte
Desde los 52 hasta los ? años
— vibración o valor: 3
— número oculto: 21

$$\begin{array}{r} 1972 \\ +\ \ 27 \\ \hline 1999 \end{array}$$

Ciclo productivo
Desde 1972 hasta 1999
Desde los 25 hasta los 52 años
— vibración o valor: 3
— número oculto: 12

$$\begin{array}{r} 1947 \\ +\ \ 27 \\ \hline 1974 \end{array} \qquad \begin{array}{r} 1974 \\ +\ \ 12 \\ +\ \ \ 6 \\ \hline 1992 = 21 = 3 \end{array}$$

Primera realización
$$\begin{array}{r} 16 \\ +\ \ 6 \\ \hline 18 \end{array}$$
— vibración o valor: 9
— número oculto: 18
— duración: 33 años
— en actividad: de los 0 a los 33 años; después, tras los 60 años

Segunda realización
$$\begin{array}{r} 1947 \\ +\ \ 12 \\ \hline 1959 = 24 = 6 \end{array}$$
— vibración o valor: 6
— número oculto: 24
— duración: 9 años
— en actividad: de los 33 a los 42 años

Tercera realización
$$\begin{array}{r} 18 \\ +\ \ 24 \\ \hline 42 \end{array}$$
— vibración o valor: 6
— número oculto: 42
— duración: 9 años
— en actividad: de los 42 a los 51 años

Cuarta realización
$$\begin{array}{r} 1947 \\ +\ \ 6 \\ \hline 1953 = 18 = 9 \end{array}$$
— vibración o valor: 9
— número oculto: 18
— duración: 9 años
— en actividad: de los 51 a los 60 años

TABLA DE LAS VIBRACIONES ANUALES
(ciclos anuales)

Daniel Baguet
nacido el 12/6/1947

Tabla 1: 1990-1999-2008-2017

MC	1	2	3	4	5	6	7	8	9	10	11	12
AP	1	1	1	1	1	1	1	1	1	1	1	1
MP	2	3	4	5	6	7	8	9	1	2	3	4
CM	6	9	9	9	9	3	3	3	3	7	7	7
VIB	8	3	4	5	6	1	2	3	4	9	1	2

Tabla 2: 1991-2000-2009-2018

MC	1	2	3	4	5	6	7	8	9	10	11	12
AP	2	2	2	2	2	2	2	2	2	2	2	2
MP	3	4	5	6	7	8	9	1	2	3	4	5
CM	7	1	1	1	1	3	3	3	3	8	8	8
VIB	1	5	6	7	8	2	3	4	5	2	3	4

Tabla 3: 1992-2001-2010-2019

MC	1	2	3	4	5	6	7	8	9	10	11	12
AP	3	3	3	3	3	3	3	3	3	3	3	3
MP	4	5	6	7	8	9	1	2	3	4	5	6
CM	8	2	2	2	2	3	3	3	3	9	9	9
VIB	3	7	8	9	1	3	4	5	6	4	5	6

Tabla 4: 1993-2002-2011-2020

MC	1	2	3	4	5	6	7	8	9	10	11	12
AP	4	4	4	4	4	4	4	4	4	4	4	4
MP	5	6	7	8	9	1	2	3	4	5	6	7
CM	9	3	3	3	3	3	3	3	3	1	1	1
VIB	5	9	1	2	3	4	5	6	7	6	7	8

Tabla 5: 1994-2003-2012-2021

MC	1	2	3	4	5	6	7	8	9	10	11	12
AP	5	5	5	5	5	5	5	5	5	5	5	5
MP	6	7	8	9	1	2	3	4	5	6	7	8
CM	1	4	4	4	4	3	3	3	3	2	2	2
VIB	7	2	3	4	5	5	6	7	8	8	9	1

Tabla 6: 1995-2004-2013-2022

MC	1	2	3	4	5	6	7	8	9	10	11	12
AP	6	6	6	6	6	6	6	6	6	6	6	6
MP	7	8	9	1	2	3	4	5	6	7	8	9
CM	2	5	5	5	5	3	3	3	3	3	3	3
VIB	9	4	5	6	7	6	7	8	9	1	2	3

Tabla 7: 1996-2005-2014-2023

MC	1	2	3	4	5	6	7	8	9	10	11	12
AP	7	7	7	7	7	7	7	7	7	7	7	7
MP	8	9	1	2	3	4	5	6	7	8	9	1
CM	3	6	6	6	6	3	3	3	3	4	4	4
VIB	2	6	7	8	9	7	8	9	1	3	4	5

Tabla 8: 1997-2006-2015-2024

MC	1	2	3	4	5	6	7	8	9	10	11	12
AP	8	8	8	8	8	8	8	8	8	8	8	8
MP	9	1	2	3	4	5	6	7	8	9	1	2
CM	4	7	7	7	7	3	3	3	3	5	5	5
VIB	4	8	9	1	2	8	9	1	2	5	6	7

Tabla 9: 1998-2007-2016-2025												
MC	1	2	3	4	5	6	7	8	9	10	11	12
AP	9	9	9	9	9	9	9	9	9	9	9	9
MP	1	2	3	4	5	6	7	8	9	1	2	3
CM	5	8	8	8	8	3	3	3	3	6	6	6
VIB	6	1	2	3	4	9	1	2	3	7	8	9

Nombre: **Clément**
Apellido: **Dupont**
Fecha de nacimiento: **18 de enero de 1950**

Número de carácter

$$C\ L\ E\ M\ E\ N\ T\ \ \ D\ U\ P\ O\ N\ T$$

consonantes: 3 3   4   5 2   4   7   5 2 = 35

vocales: 5   5   6   3   = 19

           27   +   27   = 54 = 9

Número del nombre
— número oculto: 27
— número reducido: 9

Número del apellido
— número oculto: 27
— número reducido: 9

Número de introdeterminación
(vocales)
— número oculto: 19
— número reducido: 1

Número de extrodeterminación
(consonantes)
— número oculto: 35
— número reducido: 8

Número de destino
(camino de vida)
  1950
+   18
+   1
= 1969 = 25 = 7
— número oculto: 25
— número reducido: 7

Número de vida
(número cósmico)
— número oculto: 16
  (54 + 25 = 79 = 16)
— número reducido: 7

Cociente de los valores numéricos
1 2 3 4 5 6 7 8 9
0 2 3 2 4 1 1 0 0

Pasiones
5 con coeficiente 4

Cualidades
2 con coeficiente 2
3 con coeficiente 3
4 con coeficiente 2
5 con coeficiente 4
6 con coeficiente 1
7 con coeficiente 1

Defectos
1 8 9

Número de reacción ante una nueva idea, un nuevo proyecto o un imprevisto
$9 - 3 = 6$

Número de reacción ante los problemas y las situaciones desagradables
$9 + 18 = 27 = 9$

Número sobre el que se basará la vida
C 3

Números que influyen en el modo de vida
1 2 3 4 5 6 7 8 9
0 1 2 1 3 0 0 0 0
pasiones: 5
dualidad: sí
modo de vida positivo: 2-3-4-5
modo de vida negativo: 1-6-7-8-9
problema principal encontrado
    en la existencia: 7

Números hereditarios
1 2 3 4 5 6 7 8 9
0 1 1 1 1 1 1 0 0
pasiones: 2-3-4-5-6-7
dualidad: sí
modo de vida positivo: 2-3-4-5-6-7
modo de vida negativo: 1-8-9
problema hereditario: 6
La herencia cuenta con estos números para superar las situaciones difíciles.
El señor Dupont reacciona en función del 3 y el 6 para llegar al 3.

Números que se corresponden con las manifestaciones conscientes de la conducta

Gráfico de los cocientes numéricos de las consonantes del nombre
1 2 3 4 5 6 7 8 9
0 1 2 1 1 0 0 0 0 = 17

Gráfico de los cocientes numéricos de las consonantes del apellido
1 2 3 4 5 6 7 8 9
0 1 0 1 1 0 1 0 0 = 18

Números que se corresponden con las manifestaciones inconscientes de la conducta

Gráfico de los cocientes numéricos de las vocales del nombre
1 2 3 4 5 6 7 8 9
0 0 0 0 2 0 0 0 0 = 10

Gráfico de los cocientes numéricos de las vocales del apellido
1 2 3 4 5 6 7 8 9
0 0 1 0 0 1 0 0 0 = 9

Gráfico de todos los cocientes

	Nombre	Apellido
Vocales	1 2 3 4 5 6 7 8 9 0 0 0 0 2 0 0 0 0	1 2 3 4 5 6 7 8 9 0 0 1 0 0 1 0 0 0
Consonantes	1 2 3 4 5 6 7 8 9 0 1 2 1 1 0 0 0 0	1 2 3 4 5 6 7 8 9 0 1 0 1 1 0 1 0 0
Vocales + consonantes	1 2 3 4 5 6 7 8 9 0 1 2 1 3 0 0 0 0	1 2 3 4 5 6 7 8 9 0 1 1 1 1 1 1 0 0
Vocales + consonantes	1 2 3 4 5 6 7 8 9 0 2 3 2 4 1 1 0 0	
Vocales	1 2 3 4 5 6 7 8 9 0 0 1 0 2 1 0 0 0	
Consonantes	1 2 3 4 5 6 7 8 9 0 2 2 2 2 0 1 0 0	

Gráfico de todos los números que forman el carácter

	Clément	*Dupont*
V	10	9
C	17	18
V + C	27	27
V + C	27 + 27	
CAR	54 9	

Número de equilibrio que permite afrontar la vida (iniciales)
CD = 3 + 4 = 7

Número de la personalidad profunda o la ambición de la persona (primera letra del apellido)
D 4

Número de expresión del subconsciente (primera vocal)
E 5

Ciclo formativo
Desde 1950 hasta 1980
De los 0 a los 30 años
— vibración o valor: 1
— número oculto: 1

Ciclo de recolección
Desde 2007 hasta la muerte
Desde los 57 hasta los ? años
— vibración o valor: 6
— número oculto: 15

$$\begin{array}{r} 1980 \\ +\ \ 27 \\ \hline 2007 \end{array}$$

Ciclo productivo
De 1980 a 2007
De los 30 a los 57 años
— vibración o valor: 9
— número oculto: 18

$$\begin{array}{r} 1950 \\ +\ \ 27 \\ \hline 1977 \end{array} \qquad \begin{array}{r} 1977 \\ +\ \ 18 \\ +\ \ \ \ 1 \\ \hline 1996 = 25 = 7 \end{array}$$

Primera realización

$$\begin{array}{r} 18 \\ +\ \ 1 \\ \hline 19 \end{array}$$

— vibración o valor: 1
— número oculto: 19
— duración: 29 años
— en actividad: de los 0 a los 29 años; después, tras los 56 años

Segunda realización

$$1950$$
$$+\quad 18$$
$$\overline{1968} = 24 = 6$$

— vibración o valor: 6
— número oculto: 24
— duración: 9 años
— en actividad: de los 29
   a los 38 años

Tercera realización

$$19$$
$$+\quad 24$$
$$\overline{43}$$

— vibración o valor: 7
— número oculto: 43
— duración: 9 años
— en actividad: de los 38
   a los 47 años

Cuarta realización

$$1951$$
$$+\quad 1$$
$$\overline{1951} = 16 = 7$$

— vibración o valor: 7
— número oculto: 16
— duración: 9 años
— en actividad: de los 47 a los 56 años

TABLA DE LAS VIBRACIONES ANUALES
(ciclos anuales)

Clément Dupont
nacido el 18/6/1950

	Tabla 1: 1990-1999-2008-2017												Tabla 2: 1991-2000-2009-2018											
MC	1	2	3	4	5	6	7	8	9	10	11	12	1	2	3	4	5	6	7	8	9	10	11	12
AP	2	2	2	2	2	2	2	2	2	2	2	2	3	3	3	3	3	3	3	3	3	3	3	3
MP	3	4	5	6	7	8	9	1	2	3	4	5	4	5	6	7	8	9	1	2	3	4	5	6
CM	8	6	6	6	6	3	3	3	3	9	9	9	9	6	6	6	6	4	4	4	4	1	1	1
VIB	2	1	2	3	4	2	3	4	5	3	4	5	4	2	3	4	5	4	5	6	7	5	6	7

	Tabla 3: 1992-2001-2010-2019												Tabla 4: 1993-2002-2011-2020											
MC	1	2	3	4	5	6	7	8	9	10	11	12	1	2	3	4	5	6	7	8	9	10	11	12
AP	4	4	4	4	4	4	4	4	4	4	4	4	5	5	5	5	5	5	5	5	5	5	5	5
MP	5	6	7	8	9	1	2	3	4	5	6	7	6	7	8	9	1	2	3	4	5	6	7	8
CM	1	6	6	6	6	5	5	5	5	2	2	2	2	6	6	6	6	6	6	6	6	3	3	3
VIB	6	3	4	5	6	6	7	8	9	7	8	9	8	4	5	6	7	8	9	1	2	9	1	2

Tabla 5: 1994-2003-2012-2021												Tabla 6: 1995-2004-2013-2022											
MC	1	2	3	4	5	6	7	8	9	10	11	12	1	2	3	4	5	6	7	8	9	10	11	12
AP	6	6	6	6	6	6	6	6	6	6	6	6	7	7	7	7	7	7	7	7	7	7	7	7
MP	7	8	9	1	2	3	4	5	6	7	8	9	8	9	1	2	3	4	5	6	7	8	9	1
CM	3	6	6	6	6	7	7	7	7	4	4	4	4	6	6	6	6	8	8	8	8	5	5	5
VIB	1	5	6	7	8	1	2	3	4	2	3	4	3	6	7	8	9	3	4	5	6	4	5	6

Tabla 7: 1996-2005-2014-2023												Tabla 8: 1997-2006-2015-2024											
MC	1	2	3	4	5	6	7	8	9	10	11	12	1	2	3	4	5	6	7	8	9	10	11	12
AP	8	8	8	8	8	8	8	8	8	8	8	8	9	9	9	9	9	9	9	9	9	9	9	9
MP	9	1	2	3	4	5	6	7	8	9	1	2	1	2	3	4	5	6	7	8	9	1	2	3
CM	5	6	6	6	6	9	9	9	9	6	6	6	6	6	6	6	6	1	1	1	1	7	7	7
VIB	5	7	8	9	1	5	6	7	8	6	7	8	7	8	9	1	2	7	8	9	1	8	9	1

Tabla 9: 1998-2007-2016-2025											
MC	1	2	3	4	5	6	7	8	9	10	11	12
AP	1	1	1	1	1	1	1	1	1	1	1	1
MP	2	3	4	5	6	7	8	9	1	2	3	4
CM	7	6	6	6	6	2	2	2	2	8	8	8
VIB	9	9	1	2	3	9	1	2	3	1	2	3

Nombre: **Robert**
Apellido: **Perrin**
Fecha de nacimiento: **24 de diciembre de 1949**

Número de carácter

```
        R O B E R T    P E R R I N
consonantes:  9   2   9 2   7   9 9    5 = 52
vocales:        6  5         5    9      = 25
              ─────────    ─────────
                  33      +    44      = 77 = 14 = 5
```

Número del nombre
— número oculto: 33
— número reducido: 6

Número del apellido
— número oculto: 44
— número reducido: 8

Número de introdeterminación
(vocales)
— número oculto: 25
— número reducido: 7

Número de extrodeterminación
(consonantes)
— número oculto: 52
— número reducido: 7

Número de destino
(camino de vida)
$$1949$$
$$+ \quad 24$$
$$+ \quad 12$$
$$= 1985 = 23 = 5$$
— número oculto: 23
— número reducido: 5

Número de vida
(número cósmico)
— número oculto: 1
$(14 + 23 = 37 = 1)$
— número reducido: 1

Cociente de los valores numéricos
1 2 3 4 5 6 7 8 9
0 2 0 0 3 1 1 0 5

Pasiones
9 con coeficiente 5

Cualidades
2 con coeficiente 2
5 con coeficiente 3
6 con coeficiente 1
7 con coeficiente 1
9 con coeficiente 5

Defectos
1 3 4 8

Número de reacción ante una nueva idea, un nuevo proyecto o un imprevisto
9 – 4 = 5

Número de reacción ante los problemas y las situaciones desagradables
33 + 24= 57 = 3

Número sobre el que se basará la vida	**Números que influyen en el modo de vida**
R 9	1 2 3 4 5 6 7 8 9
	0 2 0 0 1 1 0 0 2
	pasiones: 2-9
	dualidad: sí
	modo de vida positivo: 2-5-6-9
	modo de vida negativo: 1-3-4-7-8
	problema principal encontrado
	en la existencia: 6

Números hereditarios

1 2 3 4 5 6 7 8 9
0 0 0 0 2 0 1 0 3
pasiones: 9
dualidad: sí
modo de vida positivo: 5-7-9
modo de vida negativo: 1-2-3-4-6-7
problema hereditario: 6
La herencia cuenta con estos números para superar las situaciones difíciles.
El señor Perrin reacciona en función del 6 y el 3 para llegar al 3.

Números que se corresponden con las manifestaciones conscientes de la conducta

Gráfico de los cocientes numéricos de las consonantes del nombre
1 2 3 4 5 6 7 8 9
0 2 0 0 0 0 0 0 2 = 22

Gráfico de los cocientes numéricos de las consonantes del apellido
1 2 3 4 5 6 7 8 9
0 0 0 0 1 0 1 0 2 = 30

Números que se corresponden con las manifestaciones inconscientes de la conducta

Gráfico de los cocientes numéricos de las vocales del nombre
1 2 3 4 5 6 7 8 9
0 0 0 0 1 1 0 0 0 = 11

Gráfico de los cocientes numéricos de las vocales del apellido
1 2 3 4 5 6 7 8 9
0 0 0 0 1 0 0 0 1 = 14

Gráfico de todos los cocientes

	Nombre	Apellido
Vocales	1 2 3 4 5 6 7 8 9 0 0 0 0 1 1 0 0 0	1 2 3 4 5 6 7 8 9 0 0 0 0 1 0 0 0 1
Consonantes	1 2 3 4 5 6 7 8 9 0 2 0 0 0 0 0 0 2	1 2 3 4 5 6 7 8 9 0 0 0 0 1 0 1 0 2
Vocales + consonantes	1 2 3 4 5 6 7 8 9 0 2 0 0 1 1 0 0 2	1 2 3 4 5 6 7 8 9 0 0 0 0 2 0 1 0 3
Vocales + consonantes	1 2 3 4 5 6 7 8 9 0 2 0 0 3 1 1 0 5	
Vocales	1 2 3 4 5 6 7 8 9 0 0 0 0 2 1 0 0 1	
Consonantes	1 2 3 4 5 6 7 8 9 0 2 0 0 1 0 1 0 4	

Gráfico de todos los números que forman el carácter

	Robert	Perrin
V	11	14
C	22	30
V + C	33	44
V + C	33 + 44	
CAR	77 5	

Número de equilibrio que permite afrontar la vida (iniciales)
RP = 9 + 7 = 16

Número de la personalidad profunda o la ambición de la persona (primera letra del apellido)
P 7

Número de expresión del subconsciente (primera vocal)
O 6

Ciclo formativo
Desde 1949 hasta 1972
De los 0 a los 23 años
— vibración o valor: 3
— número oculto: 12

Ciclo de recolección
Desde 1999 hasta la muerte
De los 50 a los ? años
— vibración o valor: 5
— número oculto: 23
$$\begin{array}{r} 1972 \\ + \quad 27 \\ \hline 1999 \end{array}$$

Ciclo productivo
Desde 1972 hasta 1999
De los 23 a los 50 años
— vibración o valor: 6
— número oculto: 24

1949	1976
+ 27	+ 24
	+ 12
1976	2012 = 5 = 5

Primera realización
$$\begin{array}{r} 24 \\ + \quad 12 \\ \hline 36 \end{array}$$
— vibración o valor: 9
— número oculto: 36
— duración: 31 años
— en actividad: de los 0 a los 31;
   después, tras los 58 años

Segunda realización
$$\begin{array}{r} 1949 \\ + \quad 24 \\ \hline 1973 = 20 = 2 \end{array}$$

— vibración o valor: 2
— número oculto: 20
— duración: 9 años
— en actividad: de los 31
   a los 40 años

Tercera realización
$$\begin{array}{r} 36 \\ + \quad 20 \\ \hline 56 \end{array}$$

— vibración o valor: 11
— número oculto: 56
— duración: 9 años
— en actividad: de los 40
   a los 49 años

Cuarta realización
$$\begin{array}{r} 1949 \\ + \quad 12 \\ \hline 1961 = 17 = 8 \end{array}$$

— vibración o valor: 8
— número oculto: 17
— duración: 9 años
— en actividad: de los 49 a los 58 años

TABLA DE LAS VIBRACIONES ANUALES
(ciclos anuales)

Robert Perrin
nacido el 24/12/1949

	Tabla 1: 1990-1999-2008-2017												Tabla 2: 1991-2000-2009-2018											
MC	1	2	3	4	5	6	7	8	9	10	11	12	1	2	3	4	5	6	7	8	9	10	11	12
AP	1	1	1	1	1	1	1	1	1	1	1	1	2	2	2	2	2	2	2	2	2	2	2	2
MP	2	3	4	5	6	7	8	9	1	2	3	4	3	4	5	6	7	8	9	1	2	3	4	5
CM	5	5	5	5	5	5	5	5	1	1	1	1	5	5	5	5	6	6	6	6	2	2	2	2
VIB	7	8	9	1	2	3	4	5	2	3	4	5	8	9	1	2	4	5	6	7	4	5	6	7

	Tabla 3: 1992-2001-2010-2019												Tabla 4: 1993-2002-2011-2020											
MC	1	2	3	4	5	6	7	8	9	10	11	12	1	2	3	4	5	6	7	8	9	10	11	12
AP	3	3	3	3	3	3	3	3	3	3	3	3	4	4	4	4	4	4	4	4	4	4	4	4
MP	4	5	6	7	8	9	1	2	3	4	5	6	5	6	7	8	9	1	2	3	4	5	6	7
CM	5	5	5	5	7	7	7	7	3	3	3	3	5	5	5	5	8	8	8	8	4	4	4	4
VIB	9	1	2	3	6	7	8	9	6	7	8	9	1	2	3	4	8	9	1	2	8	9	1	3

	Tabla 5: 1994-2003-2012-2021												Tabla 6: 1995-2004-2013-2022											
MC	1	2	3	4	5	6	7	8	9	10	11	12	1	2	3	4	5	6	7	8	9	10	11	12
AP	5	5	5	5	5	5	5	5	5	5	5	5	6	6	6	6	6	6	6	6	6	6	6	6
MP	6	7	8	9	1	2	3	4	5	6	7	8	7	8	9	1	2	3	4	5	6	7	8	9
CM	5	5	5	5	9	9	9	9	5	5	5	5	5	5	5	5	1	1	1	1	6	6	6	6
VIB	2	3	4	5	1	2	3	4	1	2	3	4	3	4	5	6	3	4	5	6	3	4	5	6

	Tabla 7: 1996-2005-2014-2023												Tabla 8: 1997-2006-2015-2024											
MC	1	2	3	4	5	6	7	8	9	10	11	12	1	2	3	4	5	6	7	8	9	10	11	12
AP	7	7	7	7	7	7	7	7	7	7	7	7	8	8	8	8	8	8	8	8	8	8	8	8
MP	8	9	1	2	3	4	5	6	7	8	9	1	9	1	2	3	4	5	6	7	8	9	1	2
CM	5	5	5	5	2	2	2	2	7	7	7	7	5	5	5	5	3	3	3	3	8	8	8	8
VIB	4	5	6	7	5	6	7	8	5	6	7	8	5	6	7	8	7	8	9	1	7	8	9	1

Tabla 9: 1998-2007-2016-2025

MC	1	2	3	4	5	6	7	8	9	10	11	12
AP	9	9	9	9	9	9	9	9	9	9	9	9
MP	1	2	3	4	5	6	7	8	9	1	2	3
CM	5	5	5	5	4	4	4	4	9	9	9	9
VIB	6	7	8	9	8	1	2	3	9	1	2	3

CUADRO DE ANÁLISIS DE LAS RELACIONES INTERNUMÉRICAS ENTRE ANNE-MARIE Y DANIEL A NIVEL CARACTERIAL

Designaciones	Anne-Marie	Daniel	Relaciones
Carácter	6	11	xxxx
Nombre	8	9	x
Apellido	7	2	xx
Introdeterminación	9	6	xxx
Extrodeterminación	6	5	x
Destino	6	3	xxxx
Número de vida	3	5	xxxx
Pasiones	5	5	xxx
Cualidades	1, 4, 5, 6, 9	1, 2, 3, 4, 5, 7, 9	ausencia de 8
Defectos	2, 3, 7, 8	6, 8	
Reacción 1	5	7	xxx
Reacción 2	7	3	xxx
Número de base	A1	D4	x
Número de equilibrio	AN6	DB6	x
Ambición	N5	B2	x
Subconsciente	A1	A1	x
			32 cruces

Cuadro perfecto: 56 cruces; cuadro armonioso: 42 cruces; cuadro medio: 28 cruces; cuadro disonante: 14 cruces.
Síntesis: 32 cruces: cuadro medio, pero con una concordancia perfecta a nivel de carácter, destino y número de vida, que son números esenciales.

CUADRO DE ANÁLISIS DE LAS RELACIONES INTERNUMÉRICAS ENTRE ANNE-MARIE Y CLÉMENT A NIVEL CÍCLICO

Designaciones	Anne-Marie	Daniel	Relaciones
Ciclo formativo	3	6	xxxx
Ciclo productivo	8	3	xxx
Ciclo de recolección	4	3	xx
Primera realización	11	9	xxxx
Segunda realización	3	6	xxxx
Tercera realización	5	6	x
Cuarta realización	7	9	xxx
			21 cruces
Años personales	3 ➞ 1		
	4 ➞ 2		
	5 ➞ 3		cuadro perfecto: 28 x
	6 ➞ 4		
	7 ➞ 5		cuadro armonioso: 21 x
	8 ➞ 6		
	9 ➞ 7		cuadro medio: 14 x
	1 ➞ 8		
	2 ➞ 9		cuadro discordante: 7 x
Ciclos mensuales	448	937	
	459	138	
	461	239	
	472	331	
	483	432	
	494	533	
	415	634	
	426	735	
	437	836	

CUADRO DE ANÁLISIS DE LAS RELACIONES INTERNUMÉRICAS ENTRE ANNE-MARIE Y CLÉMENT A NIVEL CARACTERIAL

Designaciones	Anne-Marie	Clément	Relaciones
Carácter	6	9	xxx
Nombre	8	9	x
Apellido	7	9	x
Introdeterminación	9	1	xxx
Extrodeterminación	6	8	xx
Destino	6	7	xxx
Número de vida	1	7	xxxx
Pasiones	5	5	xxx
Cualidades	1, 4, 5, 6, 9	1, 2, 3, 4, 5, 6, 7	ausencia de 8
Defectos	2, 3, 7, 8	1, 8, 9	
Reacción 1	5	9	xxx
Reacción 2	7	9	x
Número de base	A1	C3	xxxx
Número de equilibrio	AN6	CD7	xxx
Ambición	N5	D4	x
Subconsciente	A1	E5	xxxx
			36 cruces

Cuadro perfecto: 56 cruces; cuadro armonioso: 42 cruces; cuadro medio: 28 cruces; cuadro disonante: 14 cruces.
Síntesis: 36 cruces: cuadro medio, pero con una concordancia media en los números de base.

RELACIONES INTERNUMÉRICAS ENTRE ANNE-MARIE Y CLÉMENT A NIVEL CÍCLICO

Designaciones	Anne-Marie	Clément	Relaciones
Ciclo formativo	3	1	xxxx
Ciclo productivo	8	9	x
Ciclo de recolección	4	6	xxx
Primera realización	11	1	xxxx
Segunda realización	3	6	xxxx
Tercera realización	5	7	xxx
Cuarta realización	7	7	xxx
			22 cruces
Años personales	3	2	
	4	3	
	5	4	cuadro perfecto: 28 x
	6	5	
	7	6	cuadro armonioso: 21 x
	8	7	
	9	8	cuadro medio: 14 x
	1	9	
	2	1	cuadro discordante: 7 x
Ciclos mensuales	448 ■——▶ 639		
	459 ■——▶ 641		
	461 ■——▶ 652		
	472 ■——▶ 663		
	483 ■——▶ 674		
	494 ■——▶ 685		
	415 ■——▶ 696		
	426 ■——▶ 617		
	437 ■——▶ 628		

RELACIONES INTERNUMÉRICAS ENTRE ANNE-MARIE Y ROBERT A NIVEL CARACTERIAL			
Designaciones	*Anne-Marie*	*Robert*	*Relaciones*
Carácter	6	5	x
Nombre	8	6	xx
Apellido	7	8	x
Introdeterminación	9	7	xxx
Extrodeterminación	6	7	xxx
Destino	6	5	x
Número de vida	1	1	x
Pasiones	5	9	xxx
Cualidades	1, 4, 5, 6, 9	2, 5, 6, 7, 9	ausencia de 3 y 8
Defectos	2, 3, 7, 8	1, 3, 4, 8	
Reacción 1	5	5	xxx
Reacción 2	7	3	xxxx
Número de base	A1	R9	xxx
Número de equilibrio	AN6	RP7	xxx
Ambición	N5	P7	xxx
Subconsciente	A1	O6	xx
			33 cruces

Cuadro perfecto: 56 cruces; cuadro armonioso: 42 cruces; cuadro medio: 28 cruces; cuadro disonante: 14 cruces.

Síntesis: 33 cruces: cuadro medio, pero con una concordancia discordante a nivel de carácter, destino y vida, que son números de base.

CUADRO DE ANÁLISIS DE LAS RELACIONES INTERNUMÉRICAS ENTRE ANNE-MARIE Y ROBERT A NIVEL CÍCLICO

Designaciones	Anne-Marie	Robert	Relaciones
Ciclo formativo	3	3	x
Ciclo productivo	8	6	xx
Ciclo de recolección	4	5	x
Primera realización	11	9	xxxx
Segunda realización	3	2	xxx
Tercera realización	5	11	xxx
Cuarta realización	7	8	x
			15 cruces
Años personales	3 ■——▶ 1		
	4 ■——▶ 2		
	5 ■——▶ 3		cuadro perfecto: 28 x
	6 ■——▶ 4		
	7 ■——▶ 5		cuadro armonioso: 21 x
	8 ■——▶ 6		
	9 ■——▶ 7		cuadro medio: 14 x
	1 ■——▶ 8		
	2 ■——▶ 9		cuadro discordante: 7 x
Ciclos mensuales	448	551	
	459	562	
	461	573	
	472	584	
	483	595	
	494	516	
	415	527	
	426	538	
	437	549	

Anne-Marie celebró su quincuagésimo noveno aniversario en 2007. A los 33 años de edad, el ciclo formativo de su nacimiento tenía un valor de 3. Esto significa que, teniendo en cuenta su carácter 6, que se distingue por la búsqueda del amor y la emisión de vibraciones muy afectivas, su corazón empezó a palpitar muy temprano, en el mes de marzo de 1963, cuando tenía 15 años y atravesaba un año personal 3.

Debemos centrar la atención en la combinación numérica 3/6, es decir, el arcano 36 del tarot. En la tabla de vibraciones, la alineación de estos números era 3/3/6/4/1.

La presencia de un 1 y un 3 acompañados de un 6 hace hincapié en una relación sentimental que fue muy importante para ella, pero la presencia del 4 en ese periodo indica un conflicto familiar: o sus padres o los de su amigo se opusieron a este amor floreciente.

En septiembre de 1963, Anne-Marie se trasladó de domicilio por motivos familiares relacionados con el trabajo (año personal 4 con un ciclo mensual 5, seguido de un ciclo mensual 9). Estas vibraciones indican que su salud se debilitó en aquella época. La presencia del 9 da a entender que pudo producirse incluso un traslado al extranjero.

En julio de 1965, cuando tenía 17 años de edad y atravesaba el año personal 5, Anne-Marie conoció a otra persona durante un desplazamiento (vibración 5/7). Se casó muy joven, en el mes de mayo de su año personal 6 (alineación numérica 5, 6, 2, 4, 6), cuando apenas tenía 18 años de edad. Teniendo en cuenta que la boda estuvo seguida de un ciclo mensual 7 en el año personal 6 y un ciclo mensual 8 en el año personal 7, cabe suponer que el matrimonio no fue demasiado bien. Este clima también queda patente en su primera realización de valor 11, que estuvo activa desde su nacimiento hasta que cumplió los 30 años de edad. El número 11, además de no favorecer las uniones felices, suele generar conflictos.

Anne-Marie se enfrentó a una serie de problemas laborales y económicos entre 1968 y 1969, es decir, durante el año personal 8 con ciclos mensuales 4 y 9, así como durante el año personal 9 con un ciclo mensual 4.

La situación evolucionó a partir de julio de 1969 con un ciclo mensual 1. Este periodo se caracterizó por el traslado de su marido, una mudanza y el inicio de la actividad laboral de Anne-Marie en el mes de marzo de 1970 (aproximación del año personal 1, ciclo mensual 4). La joven había orientado su carrera hacia la docencia en 1969 (ciclos mensuales 4 y 1, durante el año personal 9), cuando tenía 21 años de edad.

En diciembre de 1967 nació un niño (alineación 1/7/1/3). El embarazo fue complicado durante todo el ciclo mensual 8, que comenzó en julio y se prolongó hasta octubre de 1967. El matrimonio recuperó cierto equilibrio gracias a los ciclos mensuales 4 y 2. Aproximadamente el 8 de marzo de 1972 nació un segundo hijo, según indican las vibraciones cíclicas 4 y 8.

Anne-Marie retomó su actividad laboral en octubre de 1973, pero al parecer lo hizo a tiempo parcial. En abril de 1975 cambió el ritmo profesional. El segundo semestre de 1975 y el año 1976 en su conjunto fueron complicados a nivel sentimental y culminaron con una ruptura en junio de 1977. El proceso jurídico se alargó hasta junio de 1978. Para entonces, Anne-Marie ya tenía 30 años. Inició su segunda realización de valor 3 y a los 31 años de edad comenzó un ciclo productivo 8.

Este ciclo de nueve años fue complicado para ella. Cabe pensar que durante este periodo estuvo purgando una deuda kármica y que salió fortalecida del proceso.

Entre los 48 y los 58 años de edad, Anne-Marie vivió una realización 7 que la impulsó a mantener cierta independencia y a entablar relaciones basadas en la afinidad intelectual y espiritual. Más adelante, a los 58 años, inició el ciclo de recolección 4 (resultante del 22), que la convirtió en una mujer muy idealista, pero también muy frágil desde el punto de vista nervioso.

En 1999 vivió un ciclo de encuentro que se repetiría en 2008, y también lo hará en 2017. Sin embargo, una rica experiencia propiciará que la relación que se inicie en 2017 sea duradera, puesto que Anne-Marie se encontrará en el ciclo de recolección 4 y, de nuevo, en su primera realización 11, que podrá reducirse a 2.

El año 2011 se caracterizará por los encuentros familiares y profesionales, sobre todo entre los meses de marzo y junio, cuando Anne-Marie encontrará cierto equilibrio.

CUADRO DE RECAPITULACIÓN
DE LAS RELACIONES INTERNUMÉRICAS

	1	2	3	4	5	6	7	8	9	11	22
1	x	xx	xxxx	x	xxxx	xx	xxx	xxxx	xxx	xxxx	xxx
2	xxxx	x	xxx	xx	x	xx	xx	xxx	x	xxx	xx
3	xxxx	xxx	x	xx	xxxx	xxxx	xxx	xxx	xxx	xxx	xxxx
4	x	xx	xx	xx	x	xxx	xxx	x	x	x	xxx
5	xxxx	x	xxxx	x	xxx	x	xxx	xxx	xxx	xxx	xxx
6	xxx	xx	xxxx	xxx	x	x	xxx	xx	xxx	xxxx	xxxx
7	xx	xx	xxx	xxx	xxx	xxx	xxx	x	x	xx	x
8	x	xxx	xxx	x	x	xx	x	x	x	xxxx	xxxx
9	xxx	x	xxx	x	xxx	xxx	xxx	x	x	xxxx	xxxx
11	xxxx	xxx	xxx	x	xxx	xxxx	xx	xxxx	xxxx	xx	xxx
12	xxx	xx	xxxx	xxx	xxx	xxxx	x	xxxx	xxxx	xxx	xx

x: relación difícil
xx: relación variable
xxx: relación entre media y buena
xxxx: relación entre muy buena y perfecta

¿Qué carácter tiene Anne-Marie?

Anne-Marie es idealista en el amor. Supongo que estará pensando que la mayoría de las mujeres lo son. Sin embargo, debo añadir que ella busca ante todo la perfección, el ideal afectivo.

Su equilibrio general depende de su vida sentimental. Necesita apasionarse para tener éxito. Es consciente de sus responsabilidades como madre y se esfuerza mucho, pero se pierde en los detalles materiales.

Gracias a su talento para la organización y la negociación, siempre logra encontrar una solución para sus problemas.

Sufre en su interior las injusticias de este mundo y siente una inclinación natural por la ayuda humanitaria y el servicio a los demás. Desea hacer que las cosas cambien. Sabe ocuparse de todo por sí misma y necesita autonomía en el trabajo. Aunque le atraen las comodidades materiales y estéticas, siente también un gran deseo de evolucionar a nivel intelectual y espiritual.

Comentario del análisis realizado entre Anne-Marie y Daniel

A los 69 años de edad, Anne-Marie se encontrará en el año 2017 y en el personal 3, con un doble ciclo mensual 4 que estará activo entre el 8 de marzo y el 8 de noviembre de 2017. El número 4, que hace hincapié en los parámetros familiares y profesionales que regirán su vida, la obligará a realizar un esfuerzo para conservar una actividad.

La ruptura con el trabajo (alineación en junio: 9/4/4) se corresponderá con la jubilación. La presencia del 1 y el 4 indica que a partir de octubre, además de la pensión de jubilación, podrá contar con el apoyo económico de una actividad adicional. Sin embargo, la influencia del 4 y el 8 sugiere que deberá cuidar su salud. Sería conveniente que se sometiera a un chequeo médico, a ser posible entre octubre y noviembre (choque horizontal 4/8 formado por sus ciclos mensuales y choque vertical 4/4/8 de su mes personal, su ciclo mensual y su vibración mensual). El riesgo de sufrir un accidente será bastante elevado.

Daniel, que se encuentra en el año personal 1, es una persona bastante combativa. El ciclo mensual 3 le impulsará a conocer nuevas personas, a crear y a innovar. Las vibraciones de Daniel y Anne-Marie coincidirán en el mes de julio de 2017. La afectividad será más inmediata para ella (en análisis diagonal, presencia de 1/6 y de 4/6) que para él, que estará prestando más atención a su actividad y las entradas financieras. El análisis comparativo de los ciclos mensuales de su encuentro desvela que la unión no será inmediata (combinación 3 y 4, seguida de 7 y 8). Estos últimos números revelan un cierto antagonismo vital que tendrá lugar a finales de año. A nivel caracterial, el cuadro de relaciones internuméricas es positivo, debido a que los números clave (carácter, destino, número de vida) están en perfecta armonía. La introdeterminación también es armoniosa. Ambos se llevarán muy bien durante el periodo que nos interesa, pero tendrán que esperar al año 2020 para contraer matrimonio o sellar una unión de pareja (a finales de octubre, durante el año personal 6 de Anne-Marie en el ciclo mensual 2 y el año personal 4 de Daniel en el ciclo mensual 1). Sin embargo, podrán vivir juntos a partir del mes de mayo de 2019.

Por lo tanto, se trata de una relación factible, aunque su amor será puesto a prueba durante todo el año 2018, no sólo por los asuntos de salud y laborales, sino también por los hijos o nietos de Anne-Marie (combinación de los ciclos mensuales 3 y 5) y la presencia de Robert.

Comentario del análisis realizado entre Anne-Marie y Clément

Anne-Marie conocerá a Clément entre el 18 de julio y el 8 de agosto. Este encuentro no será de carácter sentimental, sino que más bien adoptará la forma de una nueva amistad.

Clément iniciará su ciclo afectivo en el año 2018, pero las vibraciones de ambos no coincidirán en agosto, puesto que Clément estará inmerso en una relación sentimental (alineación 2/4/6) con otra persona.

Anne-Marie se encontrará en la alineación 3/5/8. Sin embargo, aunque tanto el análisis caracterial como el cíclico son buenos, resultan bastante menos armoniosos que entre Anne-Marie y Daniel.

Comentario del análisis realizado entre Anne-Marie y Robert

Anne-Marie, al percibir que Daniel no responde de inmediato a las expectativas generadas en julio a raíz de su encuentro, durante el mes de octubre atravesará una fase cíclica complicada con Daniel y sentirá una atracción natural por Robert, un tipo mucho más encantador.

Sin embargo, del análisis de carácter se desprende que los números de ambos no son compatibles. Por lo tanto, se tratará simplemente de una atracción efímera que podría tener consecuencias negativas para Anne-Marie.

El análisis de los ciclos no es lo bastante bueno para que esta pareja pueda construir una relación duradera. Ambos se mantendrán en contacto durante el año 2018, pero dejarán de verse en 2019, cuando Robert se traslade a otra región.

Conclusión

En el momento de concluir este libro lamenté no haber tenido la posibilidad de incluir otros capítulos, debido a la falta de espacio, que trataran sobre el karma y la reencarnación, así como sobre la compatibilidad de las letras del nombre y el apellido (particularmente las iniciales). Las lecciones kármicas se corresponden a grandes rasgos con los números que faltan en el gráfico de los cocientes numéricos del nombre y el apellido. Estas lecciones aportan información sobre los fracasos y las duras pruebas a las que nos somete la vida.

Un libro sobre numerología nunca puede estar completo, pues afecta a un campo que trata sobre la evolución humana. Por lo tanto, ¿cómo podría tener un final?

No olvide que sus pensamientos influyen en su destino, así que esfuércese en que sean positivos. Olvídese de los fracasos y de los errores del pasado. ¡Y no busque culpables! Lo que ya ha pasado no se puede cambiar. ¿Acaso sirve de algo volver la vista atrás continuamente? Céntrese en la página en blanco de su futuro. Escriba mentalmente qué desearía vivir en él, respetando su patrimonio caracterial y cíclico. Y haga que el libro de su vida se acompañe de una intensa vibración de amor.

Es importante que no se tome al pie de la letra las interpretaciones numerológicas, puesto que eso le limitaría. Recuerde que usted es libre. Aprenda a matizarlas, a aplicarlas a su propio caso, pues sólo así conseguirá que le ayuden a dar un paso de gigante hacia su armonía afectiva y emocional. Sea consciente de que su felicidad conyugal y la paz del mundo dependen de su equilibrio individual y de su propia armonía.

Amar significa compartir.

Considere este libro un testimonio de amor. ¡Ojalá le permita abrir su corazón y su alma! Pongo mi larga y rica experiencia a su servicio.